KB166882

분노의 포도

The Grapes of Wrath

존 스타인벡

 다락원 WILEY
Publishers Since 1807

세계의 교양을 읽는다

고전을 왜 읽는가?

인간의 삶과 세상에 대한 영원한 물음이 있기 때문이다. 시대와 사상을 뛰어넘어 지금 여기 우리에게 필요한 물음이 없는 고전은 더이상 고전이 아니다. 인간과 삶에 대한 근원적인 물음 없이 고전을 읽는다면 자신과 인간에 대한 성찰과 지혜로 이어지지 않는다. 논술 시험 때문에, 과제물 때문에, 아니면 남들이 읽으니까, 나도 읽는다는 식이라면 그 책은 죽은 책일 수밖에 없다.

고전을 살아 있는 책으로 만드는 이 '물음!'에 답하기 위해서는 좋은 길잡이가 필요하다. 40년 이상 미국의 고교생과 대학 주니어들이 시험, 에세이 작성, 심층토론 준비를 위해 바이블처럼 애용해온 'CliffsNotes'와 'SPARKNOTES'는 바로 그런 좋은 길잡이의 표본이다. 이 두 시리즈가 원조 논술연구모임인 '일이관지(一以貫之)' 팀의 촌철살인적 해설을 곁들여 〈다락원 논술노트〉로 재탄생해 논술로 고민중인 대한민국 학생 여러분을 찾아간다.

CliffsNotes와 SPARKNOTES의 가장 큰 장점은 방대하고 난해한 고전을 Chapter별로 요약하고 분석해서 원전의 내용에 보다 쉽고 체계적으로 접근하는 신속·간편성이라고 할 수 있다. 여기에 '一以貫之'팀이 원전의 중요한 문제의식, 즉 근원적 '물음'은 무엇이며, 그 '물음'은 오늘날에도 여전히 유효한가, 라는 질문을 다시 던진다.

대입논술로 고민하고, 자칭 타칭의 고전이 넘쳐나는 오늘의 독서풍토에서 지적 정복이 긴박한 대한민국 학생들에게 감히 이 시리즈를 자신 있게 권한다.

一以貫之 논술연구모임 연구실장 이호곤

CliffsNotes와 SPARKNOTES는 방대한 원작을 보다 쉽게 이해할 수 있도록 돕는 안내서입니다. 원작 이해를 돕기 위해 작가와 작품에 대한 배경지식, 그리고 매 장마다 간단한 '줄거리'와 '풀어보기'가 실려 있습니다. '줄거리'를 통해서는 원작의 내용을 명쾌하게 파악함으로써 독서의 즐거움을 느낄 수 있을 것입니다. '풀어보기'에는 원작에 담긴 문학적 경향, 등장인물의 심리상태, 시대상, 주제 등을 설명해 놓았습니다. 비판적 글읽기의 바탕이 되는 요소들이죠. 비판적 글읽기는 소설과 비소설 작품을 막론하고 책을 읽을 때 꼭 필요한 자질입니다.

그 밖에도 작품을 좀더 심오하게 분석할 수 있도록 '마무리 노트', 'Review' 등을 마련해 놓아 독자 여러분의 글읽기를 돕고 있습니다.

CliffsNotes에는 특히 관심을 갖고 읽어야 할 필수요소를 강조하기 위해 다음 네 가지 아이콘을 사용하고 있습니다.

 작품 속에 내재된 주제를 드러내줍니다.

 등장인물의 속내를 알 수 있도록 도와줍니다.

 배경, 분위기, 열정, 폭력, 풍자, 상징, 비극, 암시, 불가사의 등의 요소를 밝혀줍니다.

 단어와 문구의 미묘한 느낌을 감상할 수 있도록 해줍니다.

* 〈 〉는 장편소설, 중편소설, 논픽션, 시집. "   "는 수필집, 단편소설

○ 일이관지(一以貫之) 논술노트

권말에는 一以貫之 논술팀에서 작성한 논술 노트가 실려 있습니다. 원작을 우리의 삶과 연계시켜 비판적 사고와 논리적 글쓰기의 방향을 제시합니다.

○ 실전 연습문제

논술예제와 기출문제를 통해서는 원작을 바탕으로 출제 가능성이 높은 논점을 함께 숙고해 봅니다.

작가 노트

작가의 생애

존 스타인벡 John Steinbeck은 말보다는 행동으로 보여주는 작가였다. 열정적인 삶을 산 스타인벡은 날카롭고도 인간애가 담긴 눈으로 사물을 관찰했고, 자신을 둘러싼 자연의 힘에 맞서 투쟁하는 인간과 인간 내부의 열정에 초점을 맞추었다. 스타인벡은 자신이 너무나 잘 알고 있는 아름다운 캘리포니아의 자연과 그 엄청난 힘을 배경으로 이용해 인간의 고난에서 의미를 찾아내는 글을 썼다.

● 가족과 교육

1902년 2월 27일에 캘리포니아 주 설리너스의 중산층 가정에서 태어난 존 스타인벡은 어릴 적부터 작가를 지망했다. 아버지 존 언스트는 제분업에 종사했으며, 어머니 올리비아 해밀턴은 교사였다. 어머니의 가르침으로 폭넓게 책을 접한 그는 엘리어트, 도스토예프스키, 하디, 그리고 특히 맬러리의 영향을 많이 받았다. 아홉 살 생일에 선물로 받은 맬러리의 〈아서의 죽음 Morte d'Arthur〉는 안락한 생활을 하던 스타인벡을 선과 악이 투쟁하는 세계로 안내했다. 맬러리가 스타인벡의 문체에 영향을 주었다면, 〈킹 제임스판 성경 King James Bible〉*은 글 전체에 흐르는 리듬과 인생을 통찰하는 광범위한

---

* **킹 제임스판 성경:** 잉글랜드 왕 제임스 1세의 명령에 따라 영어로 번역된 성경. 흠정 성경이라고 함.

영향을 주었다고 할 수 있다.

공부에는 취미가 없었던 스타인벡은 젊은 시절을 대부분 설리너스 계곡에서 일하고 놀면서 보냈다. 비옥하면서도 거친 이 지역은 스타인벡이 창조해낸 걸작들의 배경이 되었다. 학교 수업은 싫어했지만 글을 쓰는 것은 좋아해서 고등학교 신문에 작품을 발표하기도 하고, 스탠포드 대학교의 교지에도 글을 썼다. 공부보다는 목장, 공장, 건축현장, 도로공사장 등에서 일을 하며 대학생활을 보내던 그는 학위를 받지 않고 5년 만에 스탠포드를 떠났다. 견실한 중산층 가정 출신이었지만, 노동현장에서 직접 일을 한 경험은 그의 글에 엄청난 영향을 미치게 되었다.

●초기 작품

1925년, 스타인벡은 작가가 되려고 뉴욕으로 갔다. 그러나 이 도시는 스타인벡을 환영해 주지 않았다. 글을 써서 먹고 살려면 광고 카피를 쓰지 않으면 안 된다는 것을 알게 된 그는 뉴욕에 작별을 고했다. 그동안 단편 소설을 몇 편 써서 출판사에 보냈지만 거절당하자 캘리포니아로 돌아갔던 것이다.

시에러 산맥에 있는 산장의 관리인으로 일하며 역사 모험물인 첫 번째 장편 소설 〈황금배 *Cup of Gold*〉를 집필했지만, 이 젊은 작가에게 성공이란 요원한 것 같았다. 이 소설은 주식시장이 폭락해 미국 전역에 대공황의 어두운 그림자가 뒤덮기 바로 2개월 전인 1929년 하반기에 출판되었기 때문에 아주 시기가 나빴던 것이다. 이 책은 약 1,500부가 팔렸지만 비평가들의 주목은 거의 받지 못했다.

〈황금배〉가 출판된 직후에 스타인벡은 그 지역에 사는 캐럴 헤닝이라는 여자와 사랑에 빠졌고, 그녀 아버지의 도움으로 퍼시픽 그로브라는 조그만 지역에서 가정을 꾸렸다. 여기서 스타인벡은 평생 그의 인생과 작품에 가장 큰 영향을 미친 에드 리키츠를 만났다. 퍼시픽 그로브 교외에서 해양생물 견본사업을 하는 리키츠는 스타인벡에게는 완벽한 친구인 셈이었다. 두 사람 다 술을 즐기고, 사색하를 좋아하고, 인생에 대해서 논하기를 좋아했다. 두 사람은 세상이 어떻게 되어야 한다거나 어떻게 될지도 모른다거나 하는 것이 아니라 현재 세상이 어떻다는 것에 초점을 맞추는 비신학적인 철학을 전개하게 된다. 이러한 철학적 사고는 〈분노의 포도 The Grapes of Wrath〉에 등장하는 여러 주인공들에게서 뚜렷하게 나타난다. 리키츠는 〈통조림 골목 Cannery Row〉(1945)이라는 소설에서 '닥'이라는 인물로 등장한다.

스타인벡이 맨 처음 캘리포니아를 배경으로 삼은 장편소설 〈천국의 목장 The Pastures of Heaven〉은 1932년에 출판되었다. 당시는 대공황이 한창 진행되던 시기였기 때문에 이 소설을 출판할 예정이었던 출판사 두 곳은 제본이 끝나기도 전에 문을 닫았다. 1933년에는 성공을 거두지 못한 우화 소설

〈미지의 신에게 *To A God Unknown*〉가 출간되었으며, 단편소설 "빨간 망아지 The Red Pony"의 첫 2부의 원고를 팔았다.

　　1934년에 "살인 The Murder"이 단편 소설에 주어지는 오 헨리 상을 수상하자 스타인벡의 이름이 미국 전역에 알려졌고 이듬해에 〈토티야 평원 *Tortilla Flat*〉이 상업적으로 성공하면서 그는 더욱 유명해졌다. 몬터레이 반도를 떠도는 방랑자들의 생활을 다룬 이 가벼운 이야기가 출판된 것을 계기로 출판사인 코비치 프리드Covici Friede사의 파스칼 코비치와 관계를 맺게 된다. 이후 코비치는 스타인벡의 주요 작품을 계속 출판한다. 이 소설에 대한 비평가들의 반응은 엇갈렸지만, 인기가 좋았기 때문에 3천 달러를 받고 영화 판권을 팔 수 있었다. 스타인벡이 처음 받아 보는 거액이었다.

　　에드 리키츠와 멕시코에 다녀오고, 샌호세 교외의 로스가토스로 이사하고 나서 스타인벡은 파업을 주제로 한 〈승부없는 싸움 *In Dubious Battle*〉을 발표했는데, 이 작품은 비평가들 사이에 큰 논란을 불러일으켰다. 이외에도 1936년에는 단편 소설을 여러 편 완성했으며, 샌프랜시스코 뉴스 지의 의뢰를 받아 캘리포니아 주의 이주노동자 캠프촌의 실상을 취재한 연재기사를 작성하기도 했다. 이 기사는 나중에 "그들의 피는 강했다 Their Blood Was Strong"이라는 소책자로 출간되었다. 이때 기사를 쓰느라 이주노동자들과 생활한 것이 〈분노의 포도〉를 집필하는 밑거름이 되었다.

전성기

 1937년에 〈생쥐와 인간 *Of Mice and Men*〉이 출간되자 스타인벡은 저명인사가 됐다. 이 소설은 비평가들의 반응도 좋았고, 이달의 북 클럽의 도서로 선정되면서 곧 전국적인 베스트셀러가 되었다. 스타인벡은 개선장군처럼 뉴욕으로 돌아왔으며, 유럽을 순회했다. 그 후 동부의 작가촌인 벅스 카운티에 정착해 극작가 조지 카우프먼과 함께 〈생쥐와 인간〉을 희곡으로 각색했다. 이 연극은 1937년 11월 말에 처음으로 공연되었고, 뉴욕 비평가상 최우수 연극상을 수상했으며, 영화화되기도 했다. 1938년, 바이킹 프레스 사에서 스타인벡의 단편집 〈긴 골짜기 *The Long Valley*〉가 출간되었다.

 그는 재정적으로나 문학적으로나 엄청난 성공을 거두었지만, 어디까지나 민중 속에 사는 사람이었다. 라이프 지로부터 이주노동자들의 삶에 관한 기사를 써달라는 청탁을 받았으나 그들의 불운을 이용해서 돈을 번다는 것이 옳지 않다고 생각한 스타인벡은 이 청을 거절했다. 그는 계속해서 자신의 작품에 등장하는 사람들 틈에 살면서 그 경험을 토대로 글을 썼다. 〈생쥐와 인간〉이 브로드웨이에서 처음 공연되던 날 밤에도 오클라호마 주에서 이동한 이주노동자들과 이주민 캠프촌에 있었을 정도였다.

 1939년에 출간된 〈분노의 포도〉는 세상에 나오자마자 베스트셀러가 되었고, 퓰리처상과 미국 서적판매인 상을 수상하면서 문학계에 커다란 소용돌이를 일으켰다.

〈분노의 포도〉로 거물이 된 스타인벡은 제2차 세계대전이 발발하자 주로 전쟁수행과 관련된 일에 종사하게 된다. 스타인벡은 에드 리키츠와 2차례 멕시코에 갔다. 1940년 3월의 멕시코행은 〈코르테츠의 바다 *The Sea of Cortez*〉에 담겨 있다. 두 번째는 반기록영화인 〈잊혀진 마을 *The Forgotten Village*〉을 찍기 위해서였는데, 스타인벡은 1940년의 나머지 기간 동안 이 영화 후속작업에 전념했다. 1942년에는 미육군항공대의 청탁을 받아 〈폭탄을 투하했다 *Bombs Away*〉를 집필했으며, 희곡형식으로 쓴 중편 소설 〈달이 지다 *The Moon Is Down*〉의 수입금을 국방비로 기부했다.

제2차 세계대전 동안 목격한 인간의 고통에 대한 반작용으로 스타인벡은 〈통조림 골목〉을 펴냈다. 이 소설은 전쟁 발발 전의 몬터레이를 배경으로 방랑자들과 게으름뱅이들의 삶을 다룬, 가벼운 이야기다. 뒤이어 1947년에는 그의 단편 소설 중에서 가장 걸작이라고 간주되는 "진주 *The Pearl*"와 장편 소설 〈바람난 버스 *The Wayward Bus*〉를 발표했다.

1948년은 스타인벡의 생애에서 중요한 해로 꼽힌다. 미국 학술원 회원으로 선출되었으며, 두 번째 아내 그윈 버돈과 이혼했고, 가장 절친했던 친구 에드 리키츠를 자동차 사고로 잃었던 것이다. 1950년, 일레인 스캇과의 세 번째 결혼으로

스타인벡의 창작에 대한 열정이 다시 불붙기 시작했다. 약 2
년 후, 설리너스 계곡을 배경으로 선과 악의 대립을 그린 대하
장편 〈에덴의 동쪽 *East of Eden*〉이 출간되었다.

이후 50년대 말까지 스타인벡은 주로 잡지기사를 쓰면
서 〈통조림 골목〉을 개작한 〈달콤한 목요일 *Sweet Thursday*〉
을 펴내느라 시간을 보냈다. 1961년에는 〈불만의 겨울 *The
Winter of Our Discontent*〉로 저력을 다시 드러냈으며, 1962년
에는 노벨 문학상을 수상했다. 안락한 생활에 만족하지 못했
던 스타인벡은 1961년 말 지도를 한 보따리 챙겨 늙은 푸들
찰리와 길을 나섰다. 미국 전역을 돌아다닌 이 여행에서 나온
작품이 〈찰리와의 여행 *Travels with Charlie*〉이었다. 존 스타인
벡은 1968년 12월 20일에 세상을 떠났다.

작품 노트

작품의 탄생

스타인벡의 삶의 여정과 작품활동으로 미루어볼 때, 이제는 농토를 빼앗긴 조드가 대공황 시절의 캘리포니아로 일자리를 찾아 떠나는 고난의 길을 그린 이 소설을 쓸 수 있는 모든 여건이 무르익었다고 생각할 수 있다. 젊은 시절 스타인벡은 설리너스 계곡의 목장에서 인부로 일하면서 이주노동자의 삶을 직접 체험했다. 이런 경험을 통해 노동자들이 겪는 사회적 불평등을 뼈저리게 느끼고 있었다. 〈승부 없는 싸움〉이 발표되자, 스타인벡은 사회 비평가이자 이주노동자들의 권익을 대변하는 투사로 인식되었다. 그러자 샌프란시스코 뉴스 지에서 스타인벡에게 캘리포니아 주의 이주노동자들의 삶에 관한 연재기사를 청탁했다. 이 기사를 쓰기 위해 취재한 것과 오클라호마 주에서 캘리포니아로 이동하는 가족과 함께 생활한 경험을 바탕으로 불멸의 걸작 〈분노의 포도〉가 탄생했다.

● 역사적 배경

〈분노의 포도〉는 1930년대 미국의 역사적·사회적 사건을 배경으로 하고 있다. 구체적으로는 '더스트 볼'이란 자연재해가 작품의 근간을 이룬다. 가뭄은 미국의 대평원 지역에서는 1930년대 이전에도 심각한 문제였다. 1880년대 말부터 이 지역에는 소작농들이 정착해 농사를 지었지만, 1894년에 극심한 가뭄이 들어 대평원의 일부 지역에서는 농민의 90 퍼센트가 농사를 포기할 정도였다. 당시에 앞이 보이지 않을 정도의 먼지 구름이 일어 가축을 질식시켰다는 보도가 있었다. '더스트 볼'이란 이런 상태를 뜻하는 용어다. 20세기 초에는 비가 많이 내려 메마른 땅에 풀이 자라기 시작했고, 대평원 지역의 농업 생산성이 높아져 대규모 경작이 다시 시작되었다. 제1차 세계대전이 끝나고 날씨가 따뜻해지면서 가뭄이 또다시 이 지역을 엄습했다. 그리고 열악한 경작기술과 목화재배로 농지가 황폐해져 농업 생산성은 극히 낮은 수준으로 떨어졌다.

1929년에 주식시장이 붕괴되자 미국 경제는 대공황의 나락으로 떨어졌다. 은행들은 손실을 만회하려고 필사적으로 몸부림쳤다. 소작농들이 농사짓던 땅을 한데 몰아 기업농으로 전환하는 것이 보다 이익이라고 판단한 토지회사들은 소작농들을 몰아내기 시작했다. 소작농들은 대부분 농사로는 생계를 유지하지 못할 정도였기 때문에 이들의 농토는 이미 은행이 소유하고 있었다. 농사 이외에는 배운 것도 없고 경험도 없는 농민들은 다른 일자리를 찾을 수도 없었다.

세상 물정에 밝지 못한 데다 갈 곳도 없었던 농민들은 대규모 농장 소유주들에게 딱 알맞은 먹이감이었다. 임금을 많이 주는 일자리가 얼마든지 있다고 유혹하는 전단지가 가뭄으로 피폐된 지역에 수십만 장 살포됐다. 이 전단지들은 토지를 소유하고 싶고, 인간으로 대접받고 싶은 농민들의 욕구를 자극해 서부로 유인하는 데 목적이 있었다. 다른 대안이 없던 농민들은 고물차에 식구들과 가재도구들을 싣고 캘리포니아로 향했다.

수많은 농민들이 살 곳과 일자리를 찾아 캘리포니아로 이주하는 엄청난 사회적 현상이 일어난 것이다. 원래 캘리포니아의 농장에서 일했던 근로자들은 대부분 계절에 따라 이동하는 독신 남성이었으며, 이런 떠돌이 생활은 스스로 선택한 것이었다. 그러나 1930년대에 새로 형성된 이주노동자들은 뿌리가 뽑힌 농민들이었다. 즉, 자신의 농토에서 쫓겨나 어쩔 수 없이 떠돌이 생활을 하며 정착할 곳을 찾는 사람들이었다. 결국 45만 명이 넘는 사람들이 일자리를 찾아 길을 떠났다. 캘리포니아 주민들은 필사적인 이주노동자들에게 두려움을 느꼈으며, 이들에게 오키라는 별명을 붙였다. 남서부와 북부 평원지대에서 쫓겨난 사람들을 경멸하는 별명인 것이다.

● 비평과 반응

초판이 발행되자마자 〈분노의 포도〉는 엄청난 성공을 거두어, 1940년까지 베스트셀러의 자리를 지켰다. 소설이 비전통적인 해피 엔딩으로 끝나지 않은 것에 대해 불만을 토로하는 사람들이 있었지만, 퓰리처상을 비롯해서 여러 문학상을 받았다.

하지만 모두가 이 소설의 우수성을 인정한 것은 아니었다. 캘리포니아와 오클라호마 주에서는 이 소설을 맹렬하게 비난했다. 어떤 잡지에서는 공산당 선전 소설이라고 매도했다. 캘리포니아의 어떤 군에서는 학교와 도서관에서 이 소설을 비치하는 것을 금지시켰다. 오클라호마 주에서는 소설의 내용이 사실이 아니라는 점을 강조했다.

그러나 세월이 흐르면서 〈분노의 포도〉에 대한 비평은 어조가 달라졌다. 소설의 배경이 되었던 사회적 · 역사적 상황이 달라지자 독자들은 객관적이고도 냉정한 시각으로 이 작품을 볼 수 있게 된 것이다. 제2차 세계대전이 끝나자 이 소설의 사회적인 메시지뿐만 아니라 문학적인 요소에도 주목하기 시작했다. 일부에서는 이 작품을 포장마차를 타고 서부로 향하는 낭만적인 이야기로 간주하기도 했지만, 문학적인 면을 진지하게 검토하는 비평가들이 많이 등장했다. 지금도 이 작품의 상징성과 비전통적인 구조 등 문학적 · 개념적인 문제에 대해서 깊이 있게 논의되고 있으며, 미국 문학사에서 가장 중요한 작품의 하나로 인정받고 있다.

● **소설의 구조**

〈분노의 포도〉는 출간되자마자, 이야기를 전개해 나가는 도중에 정보와 논평에 해당되는 장을 삽입하는 구조 때문에 주의가 산만해지고, 조드 일가의 '진짜' 이야기가 자꾸 끊긴다고 많은 독자들이 불평했다.

그러나 이 삽입장들은 이야기 자체에 대한 논평을 가하고, 이야기를 전개하고 확대하는 뚜렷한 역할을 하고 있다. 이소설에는 삽입장이 16장 들어 있다. 약 100쪽에 해당하고, 전체의 1/6을 차지하는 분량이다. 삽입장에는 조드 식구들이 전혀 등장하지 않지만, 앞으로 조드 일가가 유사한 상황을 겪게된다는 것을 암시하는 구실을 한다. 다양한 문체로 구성된 삽입장 중에는 주인공들에게 영향을 끼치는 중요한 사회적 상황을 전반적으로 그리고 극적으로 개관하는 것도 있으며, 이 소설의 사회적 · 정치적 배경에 관한 역사적 정보나 직접적인 논평도 있다.

스타인벡은 상징, 일화, 비유 등의 문학적 기법을 사용해 각 삽입장과 그 앞뒤에서 이야기를 전개하는 장들을 교묘하게 연결하고 있기 때문에 삽입장들이 이야기의 흐름을 방해하기는커녕 소설의 주제를 통합하고 강화하는 구실을 한다. 예를 들어 삽입장인 3장에 나오는 거북을 4장에서는 톰이 주워든다. 또 중고차 세일즈맨들의 교묘한 말솜씨가 극적으로 전개되고 있는 삽입장 바로 뒤에는 조드 식구들이 서부로 가려고 트럭을 사는 장면이 나오는 것이다. 다른 예로는, 캘리포니아 주의 이주노동자 역사를 다룬 삽입장에 뒤이어 조드가그곳에서 일자리를 찾는 이야기가 전개되는 것을 들 수 있다.

스타인벡은 독자들이 〈분노의 포도〉에 제시되어 있는

보다 큰 사회적 의미를 이해하는 것이 중요하다고 생각했다. 떠돌아다닐 수밖에 없는 가정이 겪는 고통과 강력한 힘을 가진 존재들이 이들을 억압하는 현상이 광범위하게 벌어져 사회적 위기가 초래되고 있었던 것이다. 스타인벡은 독자들이 특정한 가족이 겪는 고난에 공감하지 못한다면 독자 자신과는 직접적인 관계가 없는 이 절박한 문제를 이해하지 못할 것이라고 우려했다. 그리고 한편으로는, 조드의 투쟁이 특정한 개인이 겪는 것일 뿐, 보편성 없는 고립적인 사건으로 인식되는 것도 바라지 않았다. 그런 점에서 삽입장은 균형을 잡아주는 역할을 하고 있다. 즉, 전반적인 사회적 · 경제적 · 정치적 사실과 특정 개인의 이야기가 치밀하게 얽혀 결국은 인간 조건에 관한 보편적 진리를 그린다는 예술의 궁극적인 목표를 달성한 것이다.

● **스타인벡의 사회철학**

〈분노의 포도〉에 나타난 스타인벡의 사회철학은 복잡하게 얽혀 있으며, 서로 모순되는 면도 있다. 짐 케이시가 말로 표현하고 있으며, 톰의 엄마가 실천하며, 결국은 톰도 깨닫게 되는 이 사회이론 때문에 농토를 빼앗기고, 가난에 찌든 보잘것없는 사람들이 단결해 이익밖에 모르는 자본가들에 대항할 수 있는 힘을 기르게 되는 것이다. 이 사회철학에서는 인간의 생존은 서로 단결하여 단체행동을 할 수 있는 힘을 기를 수 있느냐 없느냐에 달려 있다고 본다.

이론적으로 말하자면, 스타인벡의 철학은 레닌과 마르크스의 사회주의 이론에 그 기초를 두고 있는 것처럼 보인다. 하지만, 미국 풍토에서 생성된 여러 철학의 영향을 받은 것이 확실하다. 예를 들면 에머슨의 대영혼에 관한 개념은 짐 케이시가 구사하는 전형적인 시골 사람의 투박한 말 속에 나타난다. 케이시는 각 개인의 영혼은 모두 커다란 하나의 영혼의 일부에 불과하다고 믿는다. 땅의 생명력과 기계가 품고 있는 차가운 죽음을 상징적으로 대비하고 있는 점에서는, 인간이 땅에 동질화되어야만 생명의 순환이 보장된다는 제퍼슨의 농업주의를 엿볼 수 있다. 모든 개념의 의미와 진실성은 그것의 실용적 결과로 정의된다는 헨리 제임스의 실용주의는 역경에 적극적으로 대처하는 엄마와 톰에게서 볼 수 있다. 마지막으로 월트 휘트먼과 칼 샌드버그의 작품에 나타나는, 모든 인간에 대한 사랑과 대중 민주주의를 존중하는 인간애는 케이시의 말에서 계속 되풀이된다.

줄거리

대공황 시절의 오클라호마 주. 차를 얻어 타고 고향으로 돌아가는 톰 조드는 주 교도소에서 가석방으로 출소한 사람이다. 길을 가다가 어렸을 때 본 기억이 나는 전도사 짐 케이시를 만나게 된다. 그는 이제 전도사가 아니지만 아직도 성령의 존재는 믿고 있는데, 그 성령이란 기성 종교에서 말하는 것은 아니라고 한다. 케이시에게 성령이란 사랑을 가리키는데, 신이나 예수의 사랑이 아니라 모든 인간의 사랑을 뜻한다. 케이시는 사람은 인류라는 거대한 영혼의 일부이기 때문에 모두 신성하다고 믿는다. 톰은 케이시에게 집으로 같이 걸어가자고 한다.

전에 조드 농장이 있었던 곳에 도착하지만 사람이 전혀 보이지 않는다. 이웃인 뮬리 그레이브즈가 다가와 은행에서 트랙터로 다 밀어 버렸기 때문에 조드 식구들은 쫓겨났다고 알려준다. 식구들은 존 숙부댁에 가서 일자리를 찾으러 캘리포니아로 떠날 준비를 하고 있다는 것이다. 톰과 케이시는 사람이 살지 않는 농가로 가서 밤을 보내고는 다음날 아침 일찍 존 숙부댁으로 향한다.

톰과 케이시가 도착해 보니, 식구들은 캘리포니아로 떠날 준비를 하고 있다. 케이시는 함께 서부로 가도 되느냐고 묻는다. 조드 식구들은 좋다고 한다. 가재도구들을 팔고나자 할아버지를 제외하고는 모두 떠나고 싶어 안달이 날 지경이다. 트럭에 짐을 모두 싣자, 할아버지는 남겠다고 한다. 그러자 식구들은 할아버지에게 약을 먹여 잠들게 하고는 트럭에 태운다. 새벽이 되자 식구들은 고속도로로 나선다.

첫날밤, 조드 식구들은 서부로 가던 도중에 차가 고장

난 윌슨 부부 옆에 선다. 이 부부는 자신들의 텐트에서 쉬라고 권하고, 할아버지는 여기서 심장마비로 세상을 떠난다. 톰과 앨은 윌슨의 차를 고쳐주고, 두 가족은 함께 길을 떠나기로 한다.

뉴멕시코 주에서 윌슨네 차가 다시 고장을 일으켜서 두 가족은 가던 길을 멈춘다. 할머니는 할아버지가 죽자 점점 몸이 약해진다. 톰은 다른 사람들에게 트럭을 타고 먼저 길을 떠나라고 한다. 엄마는 그럴 수 없다고 하면서 식구들이 흩어지면 안 된다고 우긴다. 엄마가 잭 손잡이를 들고 떠나는 사람은 패겠다고 하자, 모두 주저앉는다. 두 가족은 캘리포니아 주로 들어가는 사막에 이르고, 세어리 윌슨은 병이 악화되어 더 이상 움직일 수 없게 된다. 조드는 윌슨네 부부를 남겨놓고 캘리포니아 사막을 횡단하기 시작한다.

할머니의 건강이 더욱 나빠진다. 밤에 사막을 횡단하게 되면서 엄마는 할머니가 사막을 건너지 못하게 되리라는 것을 깨닫는다. 그러나 차를 멈추게 해서는 안 된다고 생각한 엄마는 할머니와 함께 트럭 뒤에 눕는다. 사막 한가운데서 할머니는 세상을 떠난다. 새벽이 되자 조드 식구들은 트럭에서 나와 눈 아래 펼쳐진 베이커스필드 계곡의 아름다운 광경을 내려다본다. 이때 엄마가 할머니의 죽음을 식구들에게 알린다. 할머니를 매장할 돈이 없기 때문에 식구들은 검시관에게 할머니 시체를 가져가야만 한다.

조드 일가는 더러운 후버빌 캠프장에 도착한다. 조드네

남자들이 캠프장에 사는 플로이드 노울즈라는 젊은이와 이야기를 나누고 있을때, 경찰관을 대동한 사업가 차림의 남자가 와서 일자리가 있다고 말한다. 플로이드가 임금을 서면으로 보장해 달라고 하자, '빨갱이'라고 하면서 경찰관이 플로이드를 체포하려 한다. 톰은 경찰관을 발을 걸어 넘어뜨리고, 케이시는 발길질을 한다. 그 경찰관이 의식을 회복하자 케이시는 톰이 체포되지 않도록 하기 위해 자수한다. 조드 가족은 말썽을 피하려고 곧 후버빌 캠프장을 떠난다.

조드네는 남쪽으로 내려가 위드패치에 있는 정부 운영 캠프장에 도착한다. 이곳에는 청소, 규율, 오락 등을 맡는 자치위원회가 구성되어 있다. 여기서 조드 식구들은 안심하고 살지만, 한 달이 지나도 일자리를 구할 수 없게 되자 이곳도 떠나야만 한다는 것을 깨닫는다.

조드 일가는 튤레어에서 복숭아 따는 일자리를 얻게 된다. 농장 입구에서는 성난 군중들이 고함을 지르며 주먹을 흔들고 있다. 조드 식구들은 주 경찰의 호위를 받으며 안으로 들어가 곧 일을 시작한다. 한 상자를 따는 데 5센트를 받지만 이것으로는 밥도 제대로 먹을 수 없다. 하루 일이 끝나자 톰은 농장 밖으로 나갔다가 케이시를 만나게 된다. 그는 한 상자에 2.5센트를 주려고 하는 농장주들을 상대로 파업을 주도하고 있다. 톰의 식구들은 파업을 깨는 역할을 하고 있기 때문에 한 상자에 5센트를 받고 있는 것이다. 이런 이야기를 하고 있는 동안에 파업 주동자로 낙인찍힌 케이시를 잡으려고 경찰관들이 몰래 다가온다. 이들은 무방비 상태에 있는 케이시의 머리를 쳐서 죽인다. 톰은 본능적으로 케이시를 살해한 자를 때리기 시작한다. 다른 경찰관들이 덮쳐 톰은 코가 깨진다. 그 자리를 벗어난 톰은 복숭아밭에 숨어 있다가 집으로 돌아간다.

얼굴에 상처가 생기고 코가 깨진 톰은 도망자 신세가 되어 식구들의 보호를 받는다. 조드 가족은 새벽이 되자 복숭아 농장을 떠나, 목화를 따는 일자리를 찾게 된다. 식구들은 웨인라이트 일가와 함께 화물차 칸에서 생활한다. 톰은 근처 동굴에 숨어 지내고, 엄마가 먹을 것을 가져다준다. 식구들은 한동안 매일 고기를 먹을 수 있을 정도로 편안한 생활을 한다. 그러던 어느 날 루시가 다른 아이와 싸우다가, 사람을 두 명이나 죽여 숨어 있는 큰 오빠를 부르겠다고 위협한다. 엄마는 톰에게 달려가 도망치라고 말한다. 톰은 케이시가 시작한 사회 운동을 자신이 계속하겠다며 떠난다.

앨은 열여섯 살인 애그니스 웨인라이트와 약혼한다. 목화를 따는 철이 끝날 때쯤 비가 내린다. 비가 계속 내리자 물이 차오르기 시작한다. 섀런의 장미가 진통을 하기 시작한 날 밤에 홍수가 나 화물차 칸이 물로 뒤덮일 지경까지 이른다. 아버지, 존 아저씨, 앨을 비롯한 남자들이 강물을 막으려고 둑을 쌓지만 성공하지 못한다. 섀런의 장미는 죽은 아이를 낳는다.

며칠 후에 물이 빠지기 시작한다. 앨과 웨인라이트네

가족은 남겨두고 조드 식구들은 화물차 칸을 떠나 높은 지대를 찾아간다. 그들은 오래된 헛간을 발견하지만 남자애와 굶주려 죽어가는 아버지가 이미 그 안에 있다. 아이는 조드 식구들에게 자기 아버지는 이미 엿새 동안 굶었기 때문에 단단한 음식은 먹지 못한다고 말한다. 섀런의 장미는 불은 젖을 먹이려고 한다. 다른 사람들이 헛간에서 나가고, 섀런의 장미는 젖가슴에 죽어가는 남자를 품는다.

등장인물

톰 조드 *Tom Joad* 주인공이자 조드의 둘째 아들. 소설의 첫머리에서 톰은 주 교도소에서 가석방되어 가족들에게 돌아온다. 소설이 전개되면서 인간의 단결과 사랑의 개념을 점점 더 명확히 깨닫는다.

짐 케이시 *Jim Casey* 전직 전도사. 죄란 무엇이며, 성스럽다는 것은 무엇인 지에 관해 혼란에 빠져 전도사를 그만둔다. 조드와 캘리포니아로 가면 서 사람들의 이야기에 귀를 기울이며, 도움을 주려고 작정한다. 케이 시는 작가의 대변인으로, 사랑의 여러 측면과 인간의 단결에 관한 스 타인벡의 이론을 역설한다.

엄마 *Ma Joad* 아내이자 어머니. 강인하며 의지가 굳은 여성으로, 조드 일가 의 기둥. 스타인벡이 말하는 사랑이 인간의 육신으로 나타난 존재이다.

아버지 *Pa Joad* 조드의 가장. 소작농으로 짓던 농토를 은행에 압류당하자, 어찌할 바를 몰라 방향감각을 잃는다. 약해진 아버지는 식구를 이끌 고 일자리를 찾아 캘리포니아로 떠난다.

샤런의 장미 *Rose of Sharon* 조드의 장녀. 코니 리버스와 결혼해서 임신중 이다. 임신으로 자신의 생각에 푹 빠져서 캘리포니아 생활을 여러 가 지로 계획한다. 소설의 말미에 샤런의 장미는 인간의 대지에 생명을 부여하는 존재가 된다.

할머니와 할아버지 *Granma and Granpa* 아버지가 빼앗긴 땅을 처음 경작 한 부부.

노아 조드 *Noah Joad* 조드의 장남. 출산할 때 입은 부상으로 정신지체 증상을 보인다.

앨 조드 *Al Joad* 조드의 셋째 아들. 열여섯 살인 앨은 차와 여자애들밖에는 관심이 없다고 말한다. 캘리포니아로 가는 동안 트럭의 수리를 책임진다.

루시 조드 *Ruthie Joad* 조드의 막내딸로 이제 막 사춘기에 접어든 열두 살 소녀.

윈필드 조드 *Winfield Joad* 조드의 막내아들로 열 살.

뮬리 그레이브즈 *Muley Graves* 조드가 오클라호마 주에서 살 당시의 이웃. 뮬리도 땅을 빼앗겨 가족은 캘리포니아로 떠났지만, 그는 남는다.

아이비 윌슨과 세어리 윌슨 *Ivy and Sairy Wilson* 조드와 함께 캘리포니아로 향하는 캔자스 주 출신 부부. 타고 가던 자동차가 고장 나서 길가에 서 있을 때 조드 가족과 만나게 된다. 앨과 톰이 자동차를 고친 후에 조드네와 함께 캘리포니아 주로 접어들 때까지 동행한다.

애그니스 웨인라이트 *Agnes Wainwright* 웨인라이트네의 열여섯 살 난 딸로, 소설의 마지막 부분에서 앨과 약혼한다.

에즈라 휴스턴 *Ezra Huston* 위드패치의 정부 운영 캠프장의 중앙위원장.

윌리 이튼 *Willie Eaton* 정부 운영 캠프장의 오락위원장을 맡고 있는 텍사스 주 출신의 남자. 농장주협회가 난동을 일으키려는 것을 저지한다.

등장인물 관계도

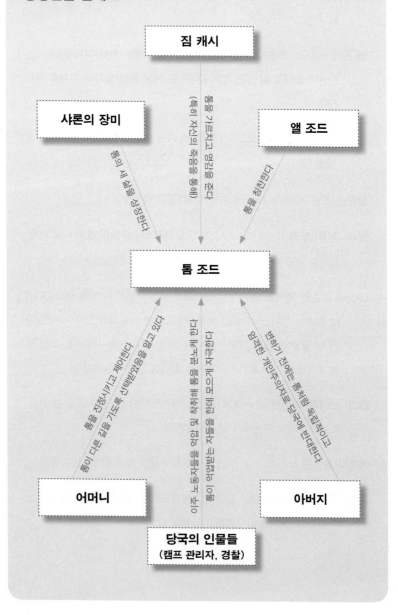

짐 캐시

톰을 가르치고 영감을 준다
(특히 자신의 죽음을 통해)

샤론의 장미

톰의 새 삶을 상징한다

앨 조드

톰을 존경한다

톰 조드

톰을 진정시키고 제어한다
톰이 다른 길을 가도록 신뢰받았음을 느낀다

톰은 어떤 상황에서 가족을 부양할 책임을 이어받는다

떠나기 전에는 통치적 독립적이고
엄격한 개인주의자로 당국에 반대한다

어머니

당국의 인물들
(캠프 관리자, 경찰)

아버지

Chapter별
정리
노트

Chapter 1

오클라호마 주의 농촌을 휩쓴 재앙

5월 초가 지나자 벌건 색과 회색이 뒤섞인 흙으로 뒤덮인 오클라호마 주의 농촌지대에 비는 더 이상 내리지 않았다. 이내 움직이는 것이라고는 모두 굳은 땅거죽과 먼지 구름에 덮여버렸다. 6월 중순에 접어들자 폭풍우를 몰고 올 것 같은 구름들이 몇 번 감질나게 지나갔지만 비는 거의 내리지 않았다. 바람은 더욱 거세지면서 먼지가 마치 안개처럼 공중에서 떠돌아다녔다. 사람들은 수건으로 얼굴을 동여매고, 보안경을 쓸 수밖에 없었다.

바람이 멈추자 남자건 여자건 모두 나와 농작물이 어느 정도나 피해를 입었는지 살펴보았다. 어린애들까지 모두들 기가 푹 꺾였다. 그들은 남자들이 완전히 포기할지 아닌지 그 반응을 기다리고 있었다. 그러나 남자들은 꺾이지 않았다. 엉망이 된 옥수수 농사를 어떻게 해야 할지 궁리하기 시작했던 것이다. 여자들은 다시 집안일을 시작했고, 어린애들은 다시 놀기 시작했다. 남자들이 제정신을 차리고 있는 한 집안은 무사할 것임을 잘 알고 있었기 때문이었다.

　　1장은 이 서사시적인 소설의 물꼬를 트는 역할을 한다. 짧막하지만 이 소설에서 중요한 역할을 하는 이 장은, 왜 1930년대에 캘리포니아 주로 대이동이 촉발되었는지, 그 배경을 설명하고 있다. 자연의 재앙으로 비옥한 녹색의 농토가 황색 먼지로 뒤덮여 버린 더스트 볼이 생생하게 그 모습을 드러내고 있다. 농토가 황폐화되자 모여서 대책을 논의하는 농부들의 모습에서 앞으로 펼쳐질 조드 일가의 고난이 엿보인다. 이익만을 쫓는 은행에 농토를 빼앗긴 이들은 새로운 삶을 찾아 서부로 향한다. 오클라호마 주의 농촌지대를 서서히 무너뜨리고 있는 이 묵시록적인 묘사는 킹 제임스판 성경의 영향을 많이 받아, 음울하게 짓누르는 듯한 분위기를 연출하고 있다.

주제 탐색 또한 1장은 앞으로 전개될 여러 주제의 도입부 구실을 한다. 예를 들어 남자들이 빙 둘러 앉아 있는 장면은 인류의 단결과 인간의 존엄성을 시사한다. 이 주제는 이야기가 펼쳐지면서 계속 되풀이된다. 남자들이 자포자기하지 않고 다시 일어서는 장면은 자연의 재앙 앞에서 생존을 위해 분투하는 인간의 모습을 암시한다. 이 주제 역시 앞으로 이야기가 전개되면서 구체적으로 묘사될 것이다.

문체탐색 이 소설에는 이야기가 전개되는 도중에 전반적인 사회적·경제적·역사적 배경을 설명하는 삽입장이 들어 있다. 1장은 이런 삽입장의 첫 번째에 해당된다. 이 삽입장들은 이야기의 전개에 논평을 가하는 구실을 하며, 이 소설이 고립된 별개 집단의 이야기가 아니라는 사실을 일깨워준다. 농토를 빼앗기고 인간의 존엄성을 박탈당하면서도, 가족의 와해를 막으려고 고군분투하는 조드 일가의 고난은 이 가족에게만 일어난 일이 아니라, 떠돌아다니며 생계를 이어가는 민중의 삶을 대변하고 있는 것이다. 전반적인 시각으로 포착된 이러한 사회적 현상은 조드 일가라는 특정한 가족집단의 이야기로 다시 좁혀져 생생하게 묘사되고 있다.

Chapter 2

 가석방되어 고향으로 돌아오는 톰

정비가 잘된 화물 트럭이 길가 식당 밖에 주차되어 있다. 머캘리스터 (오클라호마 주의 도시) 주립교도소에서 방금 가석방으로 출소한 톰이 길을 걸어오다가 식당 앞에서 발을 멈춘다. 싸구려 새 옷을 입은 톰은 트럭의 발판에 앉아 새 신발 끈을 느슨하게 한다. 트럭 운전사가 차로 다가오자 톰은 태워달라고 한다. 처음에 운전사는 '동승금지' 표지판을 가리키며 태워줄 수 없다고 거절하지만, 톰은 "아무리 돈푼깨나 있는 부자들이 그런 표지판을 붙이고 다니라고 해도 착한 사람들은 착한 일을 하게 되는 것 아니냐"고 말한다. 그러자 착한 사람이 되고 싶은 운전사는 톰에게 태워주겠다고 하고는, 식당이 보이지 않게 될 때까지는 발판에 쭈그려 앉아 있으라고 말한다.

도로를 달리게 되자, 운전사는 곧 옆자리에 태워준 사람에 대해 이것저것 물어본다. 톰의 아버지가 농지 40에이커를 소작으로 농사짓고 있다는 것을 알게 된 운전사는 '아직도 트랙터에 밀려나지 않았냐'며 놀란다. 톰은 운전사가 캐묻는 말에 신경을 곤두세우면서 고향 동네로 들어가는 길까지 오게 된다. 톰은 트럭에서 내리며 자신은 살인죄로 징역 7년형을 받고 복역하다 모범수로 4년 만에 나오는 길이라고 밝힌다.

2장은 앞으로 전개될 이야기의 주요 요소의 배경을 설정하고, 벌어질 사건을 암시한다. 주인공 톰이 등장하고, 그의 성격이 묘사되어 있는 것이다. 이 장에서는 소설이 전개되는 도중에 엄청난 변화를 겪게 되는 톰의 개인주의적 성향과 급한 성질을 눈여겨보는 것이 중요하다. 트럭 운전사가 이것저것 캐묻자 신경을 곤두세우는 것에서 톰이 독립적이고 어느 정도 고독을 즐기는 성품이라는 것을 알 수 있다. 또한 톰과 트럭 운전사와의 대화에서 중요한 사실이 드러난다. 예를 들어, 톰이 자신의 가족이 소작농이라고 말하자, 운전사가 "아직

도 트랙터에 밀려나지 않았어요?"라며 놀라는 장면에서 조드 일가의 현재 상황이 밝혀지는 것이다. 또 톰이 운전사에게 교도소에서 나왔다고 말하면서 가석방 상태라는 중요한 사실이 드러나는데, 이것은 소설의 마지막에서 톰이 가족과 헤어지는 장면과 밀접하게 관련되어 있다.

주제탐색 작가는 이 장에서 이 소설의 기본적인 주제를 밝힐 토대를 마련하고 있다. 즉, 가진 자와 가지지 못한 자 사이에 끊임없이 일어나는 긴장관계가 그것이다. 톰이 트럭 운전사에게 근로자의 편인지, 자본가의 편인지 결정하라고 말하자 이 긴장이 촉발되기 시작한다. 이러한 계급 간의 긴장은 캘리포니아 주의 사회구조가 변화하고 있는 근본 원인을 탐색하는 여러 삽입장에서 더욱 치밀하게 그려진다.

도로가의 식당이라는 장소는 15장에서 다시 등장한다. 이 두 장에서 모두 도로변 식당은 인간이 결집하게 되는 '점'을 의미한다. 일자리를 찾아 떠도는 가족들, 날씬한 차에 몸을 실은 부유한 자들, 냉장차들, 부유하고 힘 있는 자들에게 매여 길을 달리는 트럭 운전사들, 식당에 묶여 있는 요리사들과 종업원들, 이런 인간군상들이 결집하는 장소인 것이다. 혼자 트럭을 운전한다는 것이 얼마나 외로운지 아느냐는 운전사의 말에서 스타인벡이 주창하는 인류의 단결에 대한 메시지를 희미하나마 듣기 시작하게 된다. 트럭 운전사들은 먹을 것을 찾으려고 도로변 식당에 차를 세우는 것은 아니다. 인간이 그립기 때문이다. 소설의 후반부에서는 일자리를 찾아 떠도는 사람들도 인간의 온기를 찾아 이런 곳에다 차를 세우는 것을 볼 수 있다. 그 안에는 자신들을 도와줄 수 있는 사람들이 있으리라는 단순한 믿음으로 무장한 채.

Chapter 3

· 줄거리 거북은 끈질기다

　육지 거북 한 마리가 메말라 갈라진 땅을 기어 메귀리와 강아지풀이 가득한 경사진 고속도로 둑으로 기어 올라가고 있다. 결의가 단호해서 조금도 흔들리지 않는 거북은 고속도로로 이어진 비탈을 젖 먹던 힘까지 다해 올라가서는 뜨거운 아스팔트길을 건너려고 한다. 빠른 속도로 가던 차 한 대가 거북을 피하느라 갓길로 휙 방향을 돌린다. 조금 후에 트럭이 일부러 등껍질을 툭 치자, 거북은 고속도로 가장자리로 빙그르 돌아 등을 땅에 대고 떨어진다. 결국 거북은 다시 몸을 뒤집어 둑을 기어 내려가서는 길을 계속 간다.

· 풀어보기

 　한 장이 모두 사소한 듯 보이는 생명체의 움직임을 묘사하는 데 할애됐다면 독자는 그 중요성을 깨달아야 한다. 늙은 거북 한 마리가 용감하게 고속도로를 건너는 장면이 너무나 사실적으로 묘사된 3장은 조드 일가의 고난을 상징하는 것으로 받아들일 수 있고, 또 그렇게 받아들여야 한다.

이 거북처럼 조드 일가도 가혹한 환경의 희생양이 되지만 그들 역시 환경에 굴하지 않고 삶의 여정을 이어간다. 여기서 거북은 남서쪽으로 방향을 잡는데, 조드 일가 역시 그 방향으로 이동한다. 작가는 고통스러울 정도로 자세하게 거북의 발자취를 따라간다. 거북은 처음에 힘겹게 둑을 기어 올라가 고속도로에 올라선다. 거기서 처음에는 인정 많은 운전자가 거북을 피해가지만, 두 번째 사람은 일부러 거북을 공격한다. 그러나 등껍질이 있어서, 거북은 오히려 목적지인 고속도로 건너편에 빨리 도달하게 된다.

이런 여정을 계속하는 동안 거북은 자신도 모르는 사이에 등에 메귀리를 짊어지고 가는데, 이것은 새로운 생명을 상징한다. 이 메귀리는 고속도로 건너편으로 옮겨지고, 땅에 떨어져 다시 싹을 틔우게 된다. 이런 상징을 이용해 스타인벡은 인간은 아무리 장애가 있어도 그것을 극복하고 다시 새로운 생명을 이어가게 된다는 것을 말하고 있다. 이 부활의 주제는 14장에서 다시 다루어진다. 여기서는 인간이란 목표를 향해 투쟁하는 존재라고 정의된다. "앞으로 나아가다 뒤로 미끄러질 수도 있어. 하지만 반 걸음만 미끄러질 뿐이야. 완전히 한 걸음 다 미끄러지는 것은 아니지." 나중에 톰의 엄마가 이렇게 힘주어 말한다. "우리는 살아야 하는 인간이야. 우리는 인간이라구. 앞으로 나아가는 거야."

Chapter 4

 톰, 짐 케이시와 집으로

트럭이 다시 도로로 진입하자, 톰은 길을 걸어 가족의 농장으로 향한다. 뜨거운 햇살이 내려쬐이자 톰은 신발을 벗어들고 코트에 싼다. 3장에서 등장한, 뿔 같이 생긴 거북이 눈에 띄자 톰은 그것도 집어 들어 코트에 싼다. 길을 따라 계속 가다가 톰은 어떤 남자가 찬송가를 부르며 나무 아래에 누워 있는 것을 보게 된다. 톰은 그 남자가 전도사 짐 케이시라는 것을 알아차리지만, 케이시는 재빨리 자신은 죄악에 사로잡혔기 때문에 이제는 전도사가 아니라고 말한다.

케이시는 집회가 끝난 후에 어린 여자애와 섹스를 하고 싶은 욕구에 시달리게 되자 성령으로 충만한 자가 어떻게 '사악한 죄'를 짓게 되는지 알아내려고 떠돌고 있는 것이다. 이 사람은 기성 종교에 신념을 잃었으며, 결국 정말 중요한 것은 사랑이라고 믿게 된다. 그 사랑은 예수나 신의 사랑이 아니라, 모든 인간의 사랑이다. 그래서 케이시는 이런 결론에 도달한다. 즉, 어느 누구도 개별적인 영혼을 가지고 있는 것이 아니라, 그 사람의 영혼은 모든 인간을 다 포함하는 보다 큰 영혼의 일부분이라는 것이다. 이런 생각을 갖게 된 케이시는 이제는 전도사 노릇을 할 수 없다고 느낀다. 톰도 이 말에 수긍하게 되고, 케이시는 톰과 함께 조드 농장으로 걸어가기로 한다. 농장에 도착하지만 사람들이 안 보이자, 톰은 무엇인가 일이 꼬이고 있다는 것을 깨닫는다.

　　4장에서는 처음으로 스타인벡의 사회철학이 소개되는데, 에머슨이 주창한 대영혼의 개념이 그것이다. 짐 케이시는 스타인벡의 철학적 신념을 피력하는 역할을 담당한다. 케이시가 등장하는 첫 장면에서 독자들은 이미 그의 종교관과 영적 가치관이 변화를 겪고 있다는 것을 알게 된다. 자신에 내재해 있는 육체적 본능과 죄악과 선의 개념에 대해 혼란을 겪은 케이시는 '아주 깊이 생각해 보려고 스스로 교회를 떠났다'. 다시 돌아온 그는 이미 부활을 경험했으며, 새로운 영적 가치관을 갖게 되었다. 케이시는 죄악과 선은 결국 같은 것이며, 모든 인간의 영혼은 모든 인류를 포괄하는 보다 커다란 영혼, 즉 대영혼의 일부라는 점을 깨달았던 것이다. 또한 진정으로 중요한 것은 모든 인간들의 사랑이며, 성령이란 실은 인간의 영혼이라는 것도 알게 되었다. 케이시가 사랑하게 된 것은 인간이지, 자신은 잘 알지도 못하는 예수가 아닌 것이다. 그는 추상적인 개념에서 개인의 행동에 그 기초를 두는 보다 개인적인 형태의 종교로 선회하고 있다.

　　인물탐색 이 소설은 조드 일가라는 특정한 가정이 겪게 되는 문제에 초점을 맞추면서도 '오키'들의 전반적인 고난을 그리고 있다. 따라서 그 상황을 설명하는 삽입장과 이야기를 풀어가는 장이 교대로 등장하면서 치밀하게 상호작용을 한다.

이 장에서는 3장에서 묘사되었던 거북을 톰이 집어 든다. 이렇게 전반적 · 추상적 · 상징적인 개념과 구체적인 사건과 인물 사이의 상관관계는 대조적인 인물인 짐 케이시와 톰 조드의 비교를 통해서도 잘 구현되고 있다. 케이시는 인류가 당면한 문제가 무엇인지를 철학적으로 생각하는 사람이다. 이미 기성 종교의 테두리를 벗어났다고는 하지만, 소설의 끝부분에서야 비로소 행동을 통해 신념을 몸으로 보여주게 된다. 하지만 톰은 행동이 앞서는 사람이다. 그러나 그 행동은 근본적으로 자신과 자신의 가족을 위한 것이었다. 그랬던 톰이 곤경에 처한 사람들을 본능적으로 돕는, 보다 성숙한 인간으로 발전하게 된다.

Chapter 5

 이윤만을 추구하는 거대 기업

회사의 담당자들이 와서 소작농들에게 떠나라고 말한다. 소작농들에게 토지를 주어 경작시키는 것은 이제 이윤이 남지 않기 때문에 은행이 땅을 매입해서 농사를 지으려는 것이다. 회사 담당자들은 자신들이 하는 일을 수치스럽게 생각하고 있기 때문에, 비열하기도 하고, 친절한 태도를 취하기도 하고, 냉정한 모습을 보이기도 하지만, 누구도 자신들의 행동에 대해 책임을 지려고 하지는 않는다. 이 사람들의 잘못이 아니라, 은행의 잘못인 것이다. 그런데 은행은 사람이 아니다. 소작인들은 농작물의 윤작이나 자기들 몫을 적게 갖겠다는 등의 협상조건을 제시하지만, 은행측은 관심을 보이지 않는다. 농민들은 이 땅에서 살고 여기서 죽었기 때문에 토지는 자기들 것이라고 주장한다. 은행측은 "미안합니다"라는 말을 되풀이할 뿐이다.

다음날 트랙터가 와서는 앞에 걸리는 것은 모두 밀어 버린다. 소작인들은 트랙터 운전사가 마을 사람의 아들이라는 것을 알고는, 왜 마을 사람들을 쫓아내는 것을 돕느냐고 묻는다. 그는 자기에게도 부양할 가족이 있으며, 이 일을 하면 은행에서 매일 3달러씩 준다고 대답한다. 한 소작인이 어떻게 해야 할지 궁리하는 사이에 트랙터는 그 사람의 집을 뭉개기 시작한다.

: 풀어보기

　　이 장은 삽입장에 해당되는 것으로, 개인이 아닌 사회적 · 경제적인 계층 간의 갈등이 전반적으로 그려져 있다. 이 큰 그림에는 가뭄 때문에 피해를 입은 지역과 사람들의 실정, 그리고 이에 따른 은행의 압류가 중점적으로 묘사되어 있다. 조드 일가뿐만 아니라 수많은 농민들이 땅에서 쫓겨났다. 2장에서는 토지 소유주인 은행과 소작농민들 사이의 대립이 추상적으로 그려져 있지만, 여기서는 구체적으로 그 양상이 드러나기 시작한다. 스타인벡은 땅과 밀접한 관계를 갖고 있는 농민과 자연의 재앙과는 멀리 떨어져 있는 차가운 비인격체인 거대 기업 사이에 분명한 선을 긋기 시작하는 것이다. 이런 전반적인 양상이 다음 장에서는 조드 일가가 실제로 땅에서 쫓겨나면서 더욱 생생하게 그 모습을 보여준다.

주제 탐색 　제퍼슨의 농업주의와 관련 있는 스타인벡의 두 번째 사회철학적인 요소가 이 장에서 등장한다. 즉, 소작농민들은 토지와 어떤 식으로 밀접하게 관련되어 있는지, 또한 이들이 토지에서 쫓겨나자 어떻게 파멸을 맞게 되는지 묘사되어 있는 것이다. 농민들은 토지에 속해서 성장과 추수가 반복되는 생명의 주기와 함께 생활하는 데서 자신의 존엄성과 자긍심을 느낀다. 이런 관계가 끊어지면 이들은 정체성을 잃고 떠돌게 되는 것이다. 이들의 충격은 이 장에 등장하는, 소작민의 다음과 같은 말에서도 엿볼 수 있다. "참 이상한단 말이야. 토지를 갖게 되면, 그 토지가 바로 자신이 되어 버리거든. 토지는 사람의 일부가 되고, 사람과 비슷해진단 말이야." 이 주제는 소설의 전편에 흐르고 있는데, 특히 할아버지의 죽음과 농작물을 기를 수 있는 땅뙈기마저 거부당하자 이주민들이 굶주리게 되는 장면에서 극명하게 드러난다.

　　농민들이 생명의 젖줄인 토지에서 쫓겨나면서 겪게 되는 정체성의 상실은 스타인벡이 농민들이 지니고 있는 인간미와 은행 및 기계들의 비인간적인 속성을 뚜렷하게 대비시키자 그 양상이 더욱 강하게 부각된다. 은행은 땅에서 자라는 농작물을 먹고 사는 것이 아니라 이윤을 먹고 사는 괴물이며, 기계에 의존하는 새로운 삶을 상징하는 트랙터는 살아 있는 것이 아니지만 농장을 갈면서 집을 먹어치우고 있다. 이 트랙터는 아무 방해도 받지 않고 인간적인 요소는 모두 파괴시키고 있다. 트랙터 운전사는 운전석에 오르면 이윤을 추구하는 기계의 부품이 되고 만다. 따라서 이 사람은 이웃 농민들의 고난을 외면하며 땅을 갈아엎는 것이다. 같은 농민의 경제적인 비극보다는 자신이 부양하는 가족의 배를 채우는 것이 급선무이기 때문이다. 사람은 모두 대영혼의 일부이기 때문에 서로 도와야 한다는 케이시의 이론과는 정반대의 입장에 선 이 운전사는 이 농촌의 경제적 파멸에 일조하고 있다.

Chapter 6

:줄거리 쫓겨난 조드 일가

톰과 케이시는 조드 일가의 집이 이미 쓰러져 있는 것을 알게 된다. 이들은 톰에게 남긴 쪽지가 있는지 살펴보지만, 이미 모두 떠났다는 확실한 증거만 발견하게 된다. 집을 뒤지거나 약탈한 흔적이 없다는 것은 마을 전체에 뭔가 문제가 생겼다는 것을 의미한다. 톰은 거북을 땅에다 풀어준다. 거북은 톰이 주워 올렸을 때 원래 가고 있었던 방향으로 다시 길을 재촉한다.

톰은 이웃 사람이 다가오자 그가 뮬리 그레이브즈라는 것을 알아본다. 뮬리는 '토미'(톰의 애칭)에게 가족은 트랙터에 밀려 농장에서 쫓겨났다고 알려준다. 식구들은 임시로 존 숙부댁에 머물며 캘리포니아 주로 갈 수 있는 돈을 벌려고 한다는 것이다. 뮬리네 가족은 이미 캘리포니아로 떠났지만, 뮬리는 자신이 자란 이 땅에 대한 애착 때문에 떠날 수 없었다. 이야기를 듣던 케이시는 가족과 떨어진 뮬리를 힐난한다.

뮬리는 자신의 저녁식사인 토끼고기를 나눠주며, 혼자 사니까 세상과 너무나 동떨어져 있게 된다고 톰과 케이시에게 말한다. 케이시는 뮬리의 말을 듣자 자신의 사명이 무엇인지 깨닫는다. 즉, 땅을 빼앗긴 사람들과 같이 길을 떠나 이들에게 위안을 주는 것이 자기가 부여받은 사명인 것이다. 한편, 톰은 가족과 함께 오클라호마 주를 떠나면 가석방 조건을 어기게 된다는 것을 알게 된다.

마을로 다가오는 차의 헤드라이트가 밭을 비추자 뮬리는 자신들을 사유지 침입자로 생각할 거라고 말한다. 세 사람은 숨는다. 뮬리는 톰과 케이시를 조그만 동굴로 데리고 가서 거기서 밤을 보내자고 한다. 그러나 톰은 밖에서 자기로 한다. 세 사람은 아침에 존 숙부댁으로 가기로 계획을 세운다.

풀어보기

5장에서 개괄적으로 전개된 이야기가 이 장에서는 구체적으로 드러난다. 이름이 없었던 트랙터 운전사가 6장에서는 윌리 필리라는 사람으로 그 모습을 나타낸다. 5장의 마지막에서 소작인의 집을 트랙터가 깔아뭉갰듯이 여기서는 조드 집이 쓰러져 있다. 전에는 어떤 농부가 총을 쏘겠다고 위협했는데, 6장에서는 할아버지가 실제로 트랙터의 헤드라이트를 총으로 쏘았다고 뮬리가 전해 준다.

주제 탐색 케이시는 사랑에 대해 다음과 같은 이론을 가지고 있다. 즉, 사람은 모두 똑같은 영혼의 일부분이다. 그래서 서로 단결하기를 거부하는 것은 전체에서 자신을 떼어내는 것과 같다. 뮬리는 이런 이론을 몸소 실천한다. 다른 사람들은 굶주려도 자기 가족의 배를 불리려 하는 트랙터 운전사와는 대조적으로 뮬리는 자신의 식사를 나눠먹어야 된다는 것을 안다. "선택의 여지가 없지요. 자기는 먹을 게 있는데, 다른 사람은 굶고 있다면, 달리 선택의 여지가 없는 거지요." 개인의 존재 그 자체는 자신과 관계를 맺고 있는 사람에 대한 책임, 또는 무책임에 의해 규정된다. 뮬리는 그런 것을 표현하는 데는 서투르지만, 직관적으로 깨닫고 있다. 8장에서는 낯선 사람들에게 음식을 나눠주는 엄마가 이런 이론을 실천하게 된다.

이 장에서는 거북이 다시 나타나서 이야기가 전개되는 장과 삽입장을 연결하는 구실을 한다. 톰의 코트에 싸여 있다가 풀려난 거북은 원래 가던 남서쪽으로 길을 재촉하는데, 조드도 이 방향으로 고난의 여정을 떠나게 된다. 이 점에서도 거북의 상징성이 나타난다. 그러나 거북은 확고한 목적의식을 가지고 스스로 길을 떠나지만, 조드는 거리로 떠밀려 나오는 것이며, 방향도 미래도 모두 불확실한 것뿐이다.

문학적 장치 이 장의 마지막에서 톰이 동굴에 숨으려고 하지 않는 장면은 이 소설의 마지막에서 전개될 사건을 암시한다. 지금 시점에서 톰은 아직 케이시가 말로 표현하려고 애쓰는 단결의 힘에 대한 개념을 이해하지 못하고 있다. 톰은 본질적으로 자신 이외에는 관심이 없는 인물이다. 동굴에 숨을 수밖에 없게 되자 비로소 톰은 자신과 세상에 대한 개념을 완전히 바꾸게 된다.

Chapter 7

악덕 중고차 세일즈맨들

　　재앙의 희생양이 된 농민들은 가재도구를 팔아서 서쪽으로 타고 갈 차량을 구입하려고 할 때 더욱 냉혹한 현실에 직면하게 된다. 절망에 빠진 순진한 소작농들을 등치려고 번지르르한 언변을 구사하는 세일즈맨들은 간신히 굴러다니는 고물차를 엄청나게 가격을 부풀려 파는 것이다. 이세일즈맨들은 엔진에서 요란한 소리가 나는 것을 감추려고 톱밥을 넣는가 하면, 다 닳은 타이어를 분장하기도 한다. 소작농민들은 자신들이 속고 있는 것을 알아차리지만, 세일즈맨들이 제시하는 것을 받아들이는 것이외에는 선택의 여지가 없는 처지다.

: 풀어보기

　　이 삽입장에서는 중고차 세일즈맨이 농토를 빼앗긴 소작농민들에게 고물차를 속여 파는 장면이 마치 악기가 단주식으로 연주되는 것처럼 빠른 속도로 펼쳐진다. 문장의 리듬은 세일즈맨이 장악한, 미친 듯이 빠르게 전개되는 상황을 전달한다. 자신감 넘치는 빠른 어조로 말을 내뱉는 세일즈맨은 고통을 겪는 농민들을 혼란시켜 마음대로 조종한다. 이러한 전반적인 상황이 그려지고 난 후에는 조드 가족이 캘리포니아 주로 떠나려고 차량을 구입하는 구체적인 상황이 펼쳐진다. 이들 또한 잘 알지 못하는 세일즈 기법에 속아 넘어간다.

Chapter 8

 가재도구를 팔아 캘리포니아로

케이시와 톰은 새벽에 존 숙부댁으로 향한다. 톰은 걸어가면서 케이시에게 존 아저씨는 외로운 사람이며 약간 정신이 돌았다고 설명해 준다. 존의 집으로 들어선 톰과 케이시는 식구들이 서부로 떠날 준비를 하는 모습을 보게 된다. 아버지는 트럭을 손보고 있다가, 톰을 보자 놀란다. 아들이 탈옥한 것이 아닌지 걱정됐던 것이다. 가석방된 것이라고 안심시키자, 아버지는 아침식사를 준비하고 있는 엄마를 놀라게 해주려고 한다.

엄마는 톰을 보자 뛸 듯이 기뻐하지만, 이내 톰이 교도소에서 생활하면서 '비열해지고' 가슴 속에 증오를 품게 되지나 않았는지 걱정한다. 톰은 엄마에게 그렇지 않다고 말해 안심시킨다. 엄마는 톰의 눈을 보고는 그 말이 진실임을 안다. 톰은 가족이 강제로 집에서 쫓겨나게 된 것에 화가 치밀지만, 엄마는 톰 혼자서 은행을 상대로 싸울 수는 없다고 주의를 준다. 엄마는 모두가 힘을 합쳐 화를 내면 은행도 그것을 억누를 순 없겠지만, 모두들 어리둥절하고 있는 것 같다고 생각한다. 방향 없이 그저 이리저리 떠다니는 사람들이 뭉쳐서 같은 목적을 가지고 싸울 수는 없는 것이다.

톰은 아침식사 자리에서 다른 가족들과도 재회한다. 할아버지와 할머니는 톰을 보자 매우 기뻐한다. 뒤에는 말이 없고 행동이 느린 장남 노아가 있다. 케이시는 이제 전도사가 아니라고 말하지만, 할머니가 고집을 부려 케이시가 식사 기도를 한다. 기도를 하는 도중에 케이시는 서로 개인적인 욕구를 충족시키려고 몰두하는 것이 아니라 모두 힘을 합치는 것이 신성하다고 말한다. 톰은 다른 식구들의 근황을 물어 본다. 남동생 앨은 여자애들과 노느라고 바쁘고, 여동생 샤런의 장미는 이웃집의 코니 리버스와 결혼해서 현재 임신 초기다. 가장 나이가 어린 윈필드와 루시는 존 아저씨와 함께 가재도구를 팔러 샐리소에 갔다. 모두 팔아 약 150달러를 장만한다. 하루이틀 내에 조드 일가는 서부로 향할 계획이다.

주제 탐색 엄마는 톰의 정신이 변모하는 과정을 비롯하여, 스타 인벡의 사회철학의 세 번째 요소인 인간애를 이해하는 데 극히 중요한 역할을 한다. 이 소설에서 엄마는 짐 케이시의 이상을 몸소 구현하는 인물로 설정되어 있다. 인간이 생존하 려면 서로 사랑하고 단결해야 된다는 이론을 케이시는 어눌한 어조로 설파하지만 엄마는 항상 행동으로 실천한다. 엄마에게 인간의 단결은 가정을 지키는 것에서 시작한다. 톰을 빼고 오 클라호마 주를 떠나게 될까봐 걱정하다가, 톰을 다시 보게 되 자 안심한 것은 이런 이유에서이다. 또한 엄마는 케이시가 그 렇게 이해하려고 애쓰던 사회에 관한 이론을 자신도 모르는 사이에 실천에 옮긴다. 전도사는 고통 받고 있는 민중들의 영 혼을 실질적으로 돕고 싶어 하지만 그 방법을 모른다. 케이시 는 자신의 사랑에 관한 이론을 어떻게 설명해야 할지 궁리하 느라 시간을 보내지만 엄마는 즉시 사랑을 행동으로 실천한다. 엄마는 실용주의자로, 이상이 아니라 현실에 초점을 맞춘다.

인물 탐색 아버지가 가족의 '머리'지만, 엄마는 '기둥'이다. 조드 가족이 무너지지 않고 버틸 수 있는 것은 강인한 엄마 덕분이다. 엄마는 식구들이 각자 어떤 점에서 약한지 알고 있 으며, 그 약점을 약점대로 받아들인다. 톰을 진정시키는 엄마 는 톰이 정신적으로 성장하는 데 큰 도움을 준다. 아들이 성질이 급하고 독립적이라는 것을 알기 때문에 엄마는 톰이 교도소에서 '비열한' 사람으로 변했을까봐 걱정한다. 그래서 톰의 얼굴을 두 손으로 만지며 눈을 보면서 말로는 나타나지 않는 진실을 찾는다. 엄마는 소설의 마지막 부분에서는 "어둠 속에서 손으로 얼굴을 만지며, 아들을 본다."

이 소설에서 엄마는 가족이 뿔뿔이 흩어지지 않도록 필사적으로 노력한다. 엄마는 아직 인간의 생존은 모든 사람을 식구로 포용하는 데에 달려 있다는 사실을 깨닫지 못했다. 그러나 엄마는 사람은 모두 대영혼에 속하기 때문에 인간은 모두 신성하며 사랑을 받아야 한다는 케이시의 이론을 직관적으로 이해하고 있는 듯 보인다. 따라서 식구 중에서 엄마가 제일 먼저 낯선 사람에게 먹을 것을 주고 위로해 준다. 엄마는 본능적으로, 무조건적으로 인간을 사랑한다.

Chapter 9

단돈 몇 푼에 과거를 '파는' 농민들

소작농민들은 가재도구를 뒤져 서부로 이동할 때 꼭 가져가야 되는 물품들을 결정한다. 적당하지 않은 물품들은 버리고 가거나 몇 푼 안 되는 돈을 받고 팔아야 한다. 이 물건을 사는 사람들은 이 소작농민들이 이곳에서 살았다는 증거물들, 즉 농기구, 식기, 가구 등을 놓고 가격을 흥정한다. 이 사람들은 '물건'을 산다고 생각하지만, 사실은 소작농민들의 과거, 즉 농민들의 땀, 땅에 대한 애정, 그리고 슬픔과 분노도 함께 사는 것인 줄은 모른다. 가장 가까이 두고 쓰던 물품들은 팔 수 없기 때문에 태워야 한다. 이제 가재도구들이 없어지자 농민들은 갑자기 떠나고 싶어진다. 과거를 뒤로 할 시간이 된 것이다. 그렇다고 해서 새로운 생활이 시작되었다고 말할 수도 없다.

이 장에서는 농민들이 땅에서 쫓겨나자 인간의 존엄성도 잃게 되는 장면이 생생하게 그려진다. 농민들은 땅과 자신들을 이어주고, 자신의 존재를 정의해 주는 가재도구를 처분하는 상황이 되면서, 존엄성을 박탈당하게 된다. 자신들이 사용하던 물건들을 팔려고 하자, 수치심, 절망감, 공포가 엄습한다. 다음 장에서는 아버지도 이 농민들과 비슷한 감정을 느낀다. 가지고 있는 농기구와 가재도구를 전부 팔아도 18달러밖에 장만할 수 없다는 것을 알게 되자 엄마는 화가 나고 절망하는데, 아버지는 이것이 걱정스럽다. 자신의 삶의 터전인 땅에서 쫓겨나자 이들은 이미 죽은 것이나 다름없는 상황이 된다.

8장에서 짐 케이시와 조드 식구들은 짓밟힌 사람들은 뭉쳐야만 생존을 위협하는 이 고난을 이겨낼 수 있다는 개념을 이해하기 시작한다. 삽입장인 9장에서는 일반 농민들이 이러한 개념을 갖게 되는 과정이 그려져 있다. 허약한 농민은 이해할 수 없는 시장경제 체제에 의해 계속 착취당하고, 상처를 받으며, 혼란에 빠진다. 속고 있다는 것을 알지만 너무 무력하기 때문에 방법이 없다. 자신의 가재도구를 사는 사람들이 속임수를 쓰자 이들의 분노는 부글부글 끓어오른다. 그러나 아직 농민들은 뭉치면 힘이 생긴다는 것을 모른다.

Chapter 10

 조드 일가, 케이시와 길을 떠나다

엄마는 톰에게 캘리포니아 주에 대한 소문이 너무 좋아서 믿기지 않는다고 걱정스러운 말을 한다. 그러나 할아버지는 과일을 따서 그 즙으로 목욕을 하고 싶다며, 캘리포니아 주로 빨리 가고 싶어 안달이 날 정도다. 케이시는 엄마와 톰에게 자신도 함께 서부로 갈 수 있는지 묻는다. 엄마는 자기는 좋지만 남자들이 결정해야 될 문제라고 말한다.

그날 오후 늦게 샐리소에 갔던 트럭이 돌아온다. 루시와 윈필드는 임신한 섀런의 장미와 남편 코니와 함께 트럭 뒤 칸에 서 있다. 아버지와 존

아저씨가 앞자리에 타고 있고, 앨이 트럭을 운전하고 있다. 식구들은 마차까지 포함해서 가재도구를 모두 팔았지만 18달러밖에 장만하지 못했기 때문에 지치고 낙담한 표정으로 트럭에서 내려온다.

그날 밤 식구들은 트럭 옆에서 가족회의를 갖고 전도사와 함께 서부로 가기로 결정한다. 회의가 끝나자 식구들은 모두 힘을 합해 돼지를 잡아 소금에 절여 통에 넣고는 남은 가재도구들을 트럭에 싣는다. 모두 거들자 새벽에는 짐을 모두 트럭에 싣게 된다.

뮬리 그레이브즈의 전송을 받으며 조드 일가는 트럭에 오른다. 마지막 순간에 할아버지는 떠나지 않겠다고 한다. 엄마가 할아버지의 커피에 수면제가 든 시럽을 넣자 할아버지는 곧 깊이 잠든다. 남자들이 할아버지를 들어 트럭 뒤 칸에 태우자, 조드네 가족은 길을 떠난다. 엄마는 트럭이 출발하자 뒤를 돌아보려 하지만 시야가 막혀 있다. 뒤 칸에 탄 사람들은 트럭이 서부를 향해 천천히 굴러가는 동안 집과 헛간이 시야에서 사라질 때까지 쳐다본다.

: 풀어보기

조드 식구가 전통적인 개념에서 볼 때 온전한 가족을 유지하고 있는 것은 10장이 마지막이다. 조드네가 일단 오클라호마 주를 떠나면서 가족은 해체되어, 보다 큰 집단인 사회라는 개념으로 대체된다.

조드 일가는 가부장제적인 가족구조를 유지하고 있어서, 나이 든 남자가 가정에서 권위를 갖는다. 따라서 존 아저씨는 트럭 앞자리를 임신한 새런의 장미에게 양보하고 싶어 했지만, 그렇게 할 수 없었다. 새런의 장미는 '젊은 여자였기 때문에 그렇게 하는 것은 불가능하다'. 가족회의에서는 할아버지가 맨 처음 발언한다. 이제는 머리가 굳었지만 명색이 집안의 어른이기 때문이다. 그러나 일단 이들이 농장을 떠나자 전통적으로 남자가 갖고 있던 권위가 약해진다. 땅에 뿌리박고 있던 가부장적 체제는 사람들이 땅에서 떠나자마자 와해되는 것이다. 남자는 식량을 생산하고 여자는 아이와 가사를 돌보는 전통적인 역할분담이 사라지자 조드 일가의 가족적 안정성은 흔들린다. 케이시가 돼지고기를 소금에 절이는 일을 돕겠다고 엄마에게 말하는 장면에서도 전통적인 가정이 와해되는 조짐을 엿볼 수 있다. "이건 일이 너무 많아서 남자 일이니 여자 일이니 하고 구분할 수 없어요."

트럭 옆에서 열린 가족회의는 가정이 어떻게 움직이는지 보여준다. 이 가족회의는 나중에는 이주민들의 자치회의로 확대된다. 1장에서는 여러 남자들이 모여 재난에 어떻게 대처해야 하는지 궁리하는 모습을 볼 수 있었는데, 여기서는 조드 남자들이 머리를 맞대고 회의를 한다. 앨은 태어나서 처음으로 남자 대접을 받으며 회의에 낀다. 여자들과 어린이들은 남자들이 둥글게 앉아 있는 원 바깥에서 맴돌고 있다. 그러나 남자들은 무엇이든 결정하기 전에 항상 엄마에게 의견을 물어본다. 케이시는 아직 식구가 아니기 때문에 남자들이 둘러앉아 있는 곳과는 거리를 두고 있다. 트럭이 가정의 중심지 역할을 하게 되었고, 가정의 구조를 상징하고 있다는 것에 주목해야 한다. 트럭이 고장 나면 조드 가족도 방향감을 상실하고는 동요한다.

케이시를 식구로 받아들이게 되자 처음으로 전통적인 가정의 개념이 모호해지기 시작한다. 케이시는 지역사회의 일원이 되고 싶어 했지만 사람들은 항상 그를 자신들과는 다른 별개의 인간으로 취급했다. 이제 조드 식구에 합류하면서 케이시는 '민중에게 가까이 가고 싶은' 욕구를 충족시킬 수 있는 첫걸음을 옮긴 셈이다. 이는 전통적인 가정의 개념을 대체하는, 이주민들로 형성되는 사회의 탄생을 예고하는 역할을 한다.

인물 탐색 할아버지는 이 소설의 제목에 있는 '포도'와 가장 밀접한 관계가 있는 인물이다. 이 소설에서 포도는 풍요와 고통의 상징이다. 소설의 이 시점에서 포도는 풍요로운 미래를 꿈꾸는 희망을 나타낸다. 할아버지도 이런 풍요로운 미래가 다가온다는 꿈에 젖어 있었던 것이다. 그러나 고통은 이미 그 씨앗을 뿌리고 있었다. 가정과 가재도구를 빼앗긴 사람들은 거기에서 그치지 않고 존엄성도 잃게 되는 것이다. 이들이 느끼는 좌절감, 상실감, 공포는 서로 단합하게 되자 분노로 바뀐다.

Chapter 11

농가들은 폐허로

농토를 빼앗긴 소작농들이 중서부의 대평원지대를 빠져 나가자 소작
농들이 살던 집은 텅빈 채 남아 있다. 이 지역에 남은 생명이라곤 트랙터
차고로 쓰이는, 번쩍이는 금속으로 지은 헛간밖에 없다. 그러나 하루 일
이 끝나도 계속 살아 있는 말과는 달리 트랙터는 엔진을 끄면 죽어 버린다.
이 기계는 농부의 일을 너무나 쉽게 해치우기 때문에 이제는 어느 누구도
땅에서 솟아나는 생명체에 경탄하지 않는다. 결국 농부들의 집도 죽어 버
린다. 창문은 깨지고, 집 벽에 댔던 나무판자들은 바람 때문에 떨어져나
가고 집 바닥에 쌓인 먼지를 건드리는 것은 들판에서 온 야생동물뿐이다.

: 풀어보기

주제 이 장에서 스타인벡은 땅과 긴밀한 관계를 맺고 살아가
탐색 는 농민들의 생명력과 오로지 이익을 위해서 땅을 가는
기계적인 농업을 날카롭게 대비시키고 있다. 여기서 스타인벡
은 인간과 인간이 경작하는 땅 사이에 존재하는 생명을 주고
받는 관계와 농부들이 땅에서 쫓겨나면 생명력이 소멸해 죽음

이 찾아온다는 것을 강조하고 있다. 트랙터 운전사는 일이 끝나면 집에 돌아가는데, 그는 씨를 뿌린, 생명을 창조하는 땅과는 유리되어 있다. 생명이 순환하는 과정에서 인간이라는 요소가 배제되면 생명력이 없어지는 것이다. 트랙터는 엔진을 끄면 죽어 버린다. 마찬가지로 농부들이 농촌을 떠나면, 생명력도 함께 가지고 떠나는 것이다. 텅빈 집이 폐허로 변하는 과정이 이것을 상징적으로 나타내고 있다. 대자연이 폐허가 된 집을 조금씩 차지하면서 이 집들은 결국 먼지로 변한다.

Chapter 12

희망으로 통하는 66번 도로

66번 도로는 더스트 볼 지역의 가혹한 경제상황과 자연환경을 피해 도망치는 사람들이 주로 이용하는 탈출로인 셈이다. 이 길은 미시시피 강에서 캘리포니아 주의 베이커스필드까지 이어져 있다. 12장은 농토를 빼앗긴 농민 가족들이 서부로 향하는 고난의 여정을 전반적으로 그리고 있다. 수많은 사람들이 타고 가는 차량의 상태와 점점 줄어드는 돈 때문에 두려움에 떨면서 이 도로를 지나가고 있다. 절망에 빠지거나 돈이 떨어진 사람들이 많다. 이 사람들이 버린 차량이 고속도로에 널려 있다. 하지만 동료 이주민들에게서 신념과 힘을 얻는 사람들이 더 많다. 이들은 더 밝은 미래에 대한 가냘픈 희망에 끈질기게 매달리고 있는 것이다.

:풀어보기

이 장은 조드 일가가 캘리포니아 주로 이동하는 고난의 여정을 미리 보여주는 구실을 한다. 그 구체적인 이야기가 전개되는 다음 장의 여러 가지 중요한 요소들이 이 장에 그려져 있는 것이다. 물 부족으로 신음하는 장면은 물 때문에 고통 받는 조드 일가의 고통을 미리 보여주는 것이며, 타이어가 터져 갈아 끼우려고 애쓰는 장면은 조드네가 트럭 고장 때문에 고생하는 상황과 연결된다. 캘리포니아 주가 낙원은 아니라고 말하는 장면도, 마지막 부분의 긍정적인 장면도 다음 장에서는 더욱 구체적으로 그려진다. 이 장에서는 고통 받는 가족을

누군가가 도와주는데, 다음 장에서는 조드네가 윌슨네 가족에게 도움의 손길을 내밀게 된다. 차를 수리한 후에 두 가족은 함께 길을 가며 고통을 나눈다.

문체 탐색 스타인벡의 문체는 킹 제임스판 성경의 영향을 상당히 많이 받았다. 이 영향이 가장 두드러지게 나타난 예는 이야기 전개과정에서 볼 수 있다. 이 소설은 세 부분으로 나눌 수 있다. 즉, 가뭄의 엄습과 이주의 준비과정, 캘리포니아로 향하는 여정, 그리고 캘리포니아 도착, 이렇게 세 부분이다. 11장과 12장은 모두 전반적인 상황을 묘사하는 삽입장에 해당한다. 11장은 제1부의 끝을, 12장은 제2부의 시작을 나타낸다. 소설의 세 부분은 구약에 등장하는 이스라엘인들의 고난과 맞물려 있다. 제1부는 이집트인들에게 고통 받는 이스라엘인들을, 제2부는 이집트에서 탈출하는 출애굽기를, 제3부는 약속의 땅 가나안 도착을 나타낸다. 이 장에서 스타인벡은 오키들을 '대탈주자들'이라고 묘사하면서, 성경의 내용을 구체적으로 암시하고 있다. 또 66번 도로변의 마을들을 열거하는 것은 성경에 등장하는 이스라엘인의 가계도를 연상시킨다.

Chapter 13

 할아버지를 땅에 묻고

차가 서부로 뻗은 콘크리트 포장 고속도로에 들어서자 앨은 차가 고장 날 조짐을 보이는 것을 알아차린다. 앨은 엄마에게 캘리포니아에서 어떤 일이 벌어질지 걱정스러워 무섭냐고 묻는다. 엄마는 미래를 생각하는 것은 너무 버겁다고 대답한다. 지금 당장 눈앞에서 벌어지는 일을 처리해야 된다는 것이다.

해가 지자 조드 가족은 캠프장에 차를 세운다. 여기서 이들은 아이비 윌슨과 세어리 윌슨 부부를 만난다. 이들은 캔자스 주에서 왔는데, 차가 고장 나 길을 떠나지 못하고 있다. 세어리는 몸이 아프지만 이들 부부는 조드 일가를 반갑게 맞는다. 할아버지는 건강이 나빠져 윌슨네가 쓰라고 준 천막에서 쉬지만 심장마비로 세상을 떠난다. 조드 식구들은 너무나 슬픈 한편, 할아버지의 시체를 처리해야만 한다. 법에 따르면 사람이 죽으면 신고해야 되지만, 돈이 40달러나 든다. 그래서 식구들은 밤에 할아버지를 땅에 묻기로 한다. 할아버지가 살아 있다면 뭐든지 몰래 하는 것은 아주 질색했을 것이기 때문에 그러고 싶지 않지만, 캘리포니아로 가려면 그 돈이 필요하다.

세어리에게서 빌린 누비이불에 할아버지의 시체를 싼다. 세어리는 또 윌슨네 가족 성경(가족들의 탄생, 결혼, 사망 등에 관한 사항을 기록해 놓은 성경)의 빈 페이지를 주겠다고 한다. 이 페이지에 톰은 할아버지의 시체가 발견될 경우에 대비해서 상황설명을 써놓을 수 있게 된다.

저녁을 먹으며, 아이비 윌슨은 차가 고장 나고 세어리가 아파서 더 이상 가지도 못하고 돈도 떨어지고 있는 상황에 대해 말한다. 앨과 톰은 차를 고쳐주겠다고 하면서, 두 가족이 함께 차를 타고 가자고 한다. 처음에는 주저하던 윌슨도 힘을 합치면 더 좋다는 엄마의 말에 설득 당한다.

·풀어보기

문학적 장치 앨이 케이시와 함께 이동하는 것에 대해 걱정하자 엄마는, "이제 곧 전도사와 함께 있는 것을 고마워할 거야" 라고 말한다. 이 말은 곧 현실로 나타난다. 케이시와 함께 떠난 것은 참으로 행운이었다는 것이 밝혀지는 것이다. 우선 할아버지를 매장할 때 케이시의 도움이 필요해진다. 더욱 중요한 사건은 이 소설 마지막 부분에 일어난다. 톰 대신 케이시가 보안관에게 자수하는 것이다.

할아버지의 죽음과 윌슨네 식구를 가족으로 받아들이는 것은 가족의 구조가 바뀌고 있다는 것을 시사한다. 개별적인 가족의 개념이 보다 넓은 인간 가족의 개념으로 대체되고 있는 것이다. 할아버지의 죽음은 가족이 참고 견뎌야 하는 첫 번째 상실로, 이로 인해 가족은 더욱 단결하게 된다. 조드와 윌슨네가 한 가족이 되자, 이들은 앞으로 해야 될 일을 처리하는 데에 필요한 기구와 규칙을 만들게 된다. 10장에서 이미

선을 보였던 이러한 가족회의 기구는 캘리포니아 주에 도착한
후 캠프장에서는 더 폭넓은 자치기구로 그 모습을 드러낸다.
월슨네를 가족으로 받아들인 것은 공동체 형성이 생존에 필수
적이라는 개념을 더욱 강조하는 구실을 한다. 몇 가지 상징적
인 일들이 이 두 가족을 한데 묶는 역할을 한다. 즉, 할아버지
는 월슨네 천막에서 세상을 떠났고, 세어리의 누비이불로 할
아버지의 시체를 쌌으며, 월슨네 가족 성경에서 떼어낸 페이
지에 인적사항을 적어 시체와 함께 매장했던 것이다. 같이 길
을 떠나기로 한 두 가족은, 힘을 합쳐야만 캘리포니아로 가는
여정에서 살아남을 수 있다는 케이시의 예언을 본능적으로 실
천한 셈이다. 엄마는 이렇게 말한다. "서로 도우면 우리 모두
가 캘리포니아로 갈 수 있는 거야."

할아버지의 죽음을 묘사하는 장면에는 스타인벡의 제
도권 종교에 대한 불신과 케이시의 실용주의적 정신이
나타나 있다. 무엇은 꼭 어떻게 되어야 한다는 당위성이 아니
라, 무엇은 현재 이런 상태에 있다는 현실에 초점을 두는 실용
주의는 스타인벡의 사회에 관한 이론의 단면을 대변한다. 케
이시가 할아버지의 사체를 앞에 두고 올린 비전통적인 기도
는 제도권 종교의 비실용성과 인간에 초점을 둔 실용적인 기
도와의 극명한 대조를 보여준다. 즉, 케이시는 이 세상에 아직
살아 있는 사람들이야말로 신의 축복과 도움을 절실히 필요로
하는 사람이라고 생각하는 것이다.

할머니는 제도권 종교를 대변하는 인물로 설정되어 있
다. 할머니는 케이시가 가족에게 도움이 된다고 생각해서 동
행하는 것을 좋아하는 게 아니라, 아침식사 때 기도를 할 수
있어서 기뻐한다. 할아버지가 심장마비에 걸려 고통을 당할
때도 할머니는 케이시에게 기도를 해달라고 안달한다. 케이시
는 주기도문을 읊어봐야 소용이 없다는 것을 알기 때문에 주
저한다. 기도란 일상생활을 영위하는 데는 별로 도움이 되지
않는다는 케이시의 생각은 나중에 후버빌 캠프에서 톰에게 한
말에서 잘 나타난다. "난 전에는 기도를 하면 파리 잡는 끈끈
이에 파리가 달라붙듯이 걱정 근심이 기도에 묻어서 달아나는
줄 알았어. 그러나 그렇지 않더군."

이 단계에서 톰의 개인주의적 성향은 아직 바뀌지 않지

만, 케이시의 말을 받아들이는 태도에서 앞으로 지혜를 깨닫게 되리라는 것을 짐작할 수 있다. 케이시는 예수를 상징하고, 톰은 케이시의 사도라고도 볼 수 있다. 톰은 아직도 자존심이 매우 강해서 개인주의적인 성향을 버리지 않지만, 케이시는 톰의 의식을 계속 자극한다.

Chapter 14

변화로 요동치는 미국 사회

변화가 일어나기 시작하자 미국 사회는 안절부절 못한다. 많이 가진 자들은 노동운동의 강도가 점차 세지고 새로운 세금이 부과되는 등 눈에 뻔히 보이는 것들 때문에 이런 변화가 일어나는 것이라고 책임을 돌리려고 한다. 이들은 그 변화가 상황의 결과이지, 상황을 만들어낸 원인이 아니라는 사실을 알지 못한다. 원인은 훨씬 근본적인 것이다. 즉, 한 사람이 아니라 수백만 명이 굶주리고 있으며, 일을 해서 생산적인 사람이 되고 싶다는 욕구가 이러한 변화를 일으키는 원인인 것이다. 노동 그 자체를 넘어서 생산하고 싶고, 믿음 때문에 고통을 받고 죽을 수도 있다는 이러한 욕구는 인간본성의 기저에 흐르고 있는 것이다.

14장은 점차 '나'에서 '우리'로 변화해 나아가는 사회적 의식을 그리고 있다. 이전의 장들에서 스타인벡은 빼앗긴 자들의 분노와 고통이 점점 커져가는 상황을 시간 순서대로 그렸는데, 이제는 공포와 피곤과 굶주림에 지친 이주민들이 단결하기 시작한다. 같은 상황의 피해자들은 단결하면 힘이 생긴다는 것을 서서히 깨닫는다. 같은 인간들끼리 사랑하는 데서 신성한 것이 나온다는 케이시의 믿음을 실천하는 이주민들은 가진 것이라고는 거의 없지만 그래도 그것을 서로 나눈다. 이렇게 지내면서 이들은 서로 힘을 합치면 생존할 수 있다는 사실을 깨닫는다. 13장에서 엄마가 윌슨네 가족에게 한 말이 이 태도를 잘 나타내고 있다. "서로 도우면 우리 모두가 캘리포니아로 갈 수 있는 거야." 이것이 공동체로 성장해 나가는 첫 번째 세포인 셈이다.

이 장에서는 5장에서 선보인 강력한 은행이나 기업과 힘없는 농민들 사이의 갈등이 더욱 심화된다. 소작농들을 쫓아내 이윤을 극대화하려는 가진 자들의 욕망이 살 곳을 찾아 헤매는 사람들에 의해 위협 받게 되는 것이다. 이 장에서 우리는 힘을 갖고 있는 자들이 욕심 때문에 눈이 멀었다는 것을 알게 된다. 이들도 변화가 임박했다는 것을 느끼지만, 가진 자들은 땅과 유리된 삶을 살기 때문에 권리를 박탈당한 자들이 공동체를 형성하면 누구도 대항할 수 없는 힘이 생긴다는 것을 이해하지 못한다고 스타인벡은 암시한다.

Chapter 15

 온정이 넘치는 66번 도로의 햄버거 가게

　66번 도로에는 햄버거 가게들이 늘어서 있다. 주방에서 일하는 남자는 대개 말이 없으며, 가게에 오는 손님들에 대해서 알지 못한다. 이 장에서는 이런 남자를 대표하는 인물이 앨이다. 카운터 뒤에서 일하는 여자는 대개 중년으로 수다스럽다. 메이가 이런 인물을 대변하고 있는데, 돈을 내는 손님과 이 가게의 연결고리다.

　고속도로에는 미국 방방곡곡에서 오는 승용차와 트럭이 물결처럼 흐른다. 이 차들은 모두 서부로 향하고 있다. 비싼 차들 안에는 걱정 가득한 살찐 사업가와 게을러빠진 아내가 앉아 있다. 이 사람들은 고향 식구들에게 자랑하고 싶어 캘리포니아로 가고 있을 뿐이다. 이들은 가게 앞에 차를 세우고는 휴지를 낭비하고, 불평이나 해대면서 아무것도 사지 않아 카운터 뒤에 있는 여자의 신경을 건드린다.

　트럭 운전사 두 명이 가게 앞에 차를 세운다. 이들은 메이에게, 난폭하게 차를 몰던 사람이 매트리스와 요리도구를 가득 실은 트럭을 들이받은 사고에 대해 얘기해 준다. 그러는 동안 가재도구를 차에 넘치도록 실은 차가 고속도로를 벗어나더니 남자와 어린 아들 두 명이 가게로 와서 10센트 어치 빵을 달라고 한다. 메이는 처음에는 샌드위치를 사라고 하면서 팔 수 없다고 한다. 남자는 이런 말에 창피해 하지도 않으면서, 계속 캘리포니아로 가야 하기 때문에 여유가 없어서 빵 사는 데 10센트밖에

쓸 수가 없다고 설명한다. 결국 앨이 메이에게 빵을 주라고 소리친다. 남자는 나가면서 아이들이 박하사탕에서 눈을 떼지 못하는 것을 알아차리고는 1센트짜리 사탕이냐고 물어 본다. 사탕 값은 5센트지만, 메이는 두 개에 1센트라고 대답한다. 남자는 아이들에게 막대사탕을 하나씩 사주고는 나간다. 이런 메이의 모습을 지켜보던 트럭 운전사들은 계산을 하면서, 자신들이 먹은 파이와 커피는 15센트밖에 안 되지만, 각자 50센트짜리 동전을 놓고 나간다.

:풀어보기

15장은 이 소설의 전체가 녹아 있는 것 같은 느낌이 드는 소우주에 해당하는 삽입장이다. 이 장에서는 도로가에 있는 여러 식당들과 고속도로를 달리는 사람들의 모습, 메이와 앨에 관한 구체적인 얘기를 번갈아가며 하고 있다. 12장과 13장에서 도로변 식당의 상징성에 대해 언급했는데, 여기에서는 메이와 앨이 상징적인 인물로 묘사되고 있다. 이들은 가게 문밖의 고속도로를 질주하는 외부세계와 연결되어 있기도 하고 고립되어 있기도 한 것이다. 이 가게는 이들의 생활본거지이며, 가게가 잘 되어야 자신들도 이주민 신세가 되지 않는다. 한편, 이들의 생존은 고속도로를 달리는 사람들이 자기네 가게 앞에 멈춰야만 보장된다. 도로를 달리는 사람들 사이의 평판이 이들의 생명줄인 셈이다.

이 장에서 설명하는 복잡한 상호의존 관계는 바로 케이시의 역설처럼 인간사회란 결국 하나의 공동체임을 예시한다. 메이는 독자생존이 불가능하다는 것을 톰의 경우처럼 경험을 통해 깨닫게 된다. 서로 자비심을 베풀며 존경하는 것이 생존의 필수조건이다. 빵을 사는 한 남자의 예가 이 개념을 생생하게 전달한다. 메이는 처음에는 이 남자에게 빵을 쪼개서 팔려고 하지 않는다. 앨이 소리지르자, 부끄러워서 빵을 팔게 된 그녀는 그때 처음으로 가난하지만 당당한 남자와 아이들의 실존적인 모습을 보게 된다. 그래서 무뚝뚝하지만 친절하게 5센트짜리 사탕을 1센트를 받고 두 개 준다. 이런 따스함은 나중에 보상을 받는다. 이 광경을 지켜본 트럭 운전사들이 팁을 많이 놓고 나가는 것이다.

　　또한 이 장은 서부로 향하는 사람들을 다양한 시각에서 볼 수 있게 해준다. 많이 소유한 자들은 이 땅에 무엇 하나 생산해내지 못하는 저급한 인간들이다. 이들은 서로에게, 그리고 도로와 고립된 채 고속도로 위를 질주할 뿐이다. 차에 타고 있는, 뚱뚱하고 유방은 축 늘어진, 비생산적인 여자들은 아직 태어나지 않은 생명을 잉태한 새런의 장미와 직접적으로 대조된다. 나중에 새런의 장미는 아이를 사산하지만, 그녀의 젖은 더욱 큰 가족의 구성원을 살리는 생명의 샘이 된다. 고속도로를 질주하는 부유한 자들은 서로 고립되어 살아가는 생명체의 비생산성을 대변한다. 우리는 또한 다른 사람들이 이주민들을 어떻게 보고 있는지 알 수 있다. 식당 여종업원들이 처음에 이주민들을 어떻게 대하고 있는지를 통해, 우리는 이주민들이 갖고 있는 강인한 생명력과 필사적인 몸부림을 두려워하는 토박이들의 시각을 엿보게 된다.

Chapter 16

가족의 해체를 완강히 거부하는 엄마

이틀 동안 윌슨네와 조드 식구들은 팬핸들(프라이팬의 손잡이처럼 좁고 길게 뻗어 나온 오클라호마 주 지역)을 가로질러 오클라호마 주를 벗어나 텍사스 주를 달리고 있다. 마침내 이들은 이동생활에 익숙해진다. 뉴멕시코 주를 달리고 있을 때 섀런의 장미는 엄마에게, 일단 캘리포니

아 주에 도착하면 자기와 남편 코니가 어떻게 할 것인지에 대해 얘기한다. 둘은 시내에 살면서 코니는 통신교육을 받으며 공장이나 상점에서 일하고 싶어 한다고 말한다. 엄마는 식구들이 떨어져 사는 것에 대해 우려의 말을 하지만, 함께 사는 것은 꿈에 불과하다는 것을 깨닫는다.

엔진이 덜걱거리는 소리를 내자 앨은 트럭을 세운다. 연결봉 베어링이 부러진 것이다. 톰은 수리하는 데 시간이 많이 걸리겠다고 생각되자 식구들에게 먼저 캘리포니아로 가서 일자리를 찾으라고 한다. 자신과 케이시는 남아서 차를 수리하고는 캘리포니아에서 합류하겠다고 말한다. 다른 사람들은 할 수 없다는 듯이 그 계획에 동의하지만, 엄마는 떠나지 않겠다고 한다. 엄마는 잭 손잡이를 집어 들고는 식구들을 흩어지게 하는 사람은 누구든지 그것으로 두들겨 패겠다고 말한다. 엄마의 결심이 너무나 완고한 것을 알게 된 사람들은 그 말에 따른다.

앨은 식구들을 데리고 도로를 따라 캠프장으로 가는 한편, 톰과 케이시는 연결봉을 떼어낸다. 톰과 앨은 폐차장으로 가서 버려진 차에서 맞는 연결봉을 찾아낸다. 두 사람은 그날 밤 트럭을 수리하고는 캠프장으로 가서 식구들과 합류한다. 길가의 캠프장에서는 하룻밤 자는 데 50센트를 내라고 한다. 톰은 돈을 내고 싶지 않아서 노숙하기로 한다. 톰은 캠프장 문밖에 차를 세우고는 식구들에게 얘기하려고 안으로 걸어 들어간다. 아버지는 남자들 한 무리와 캘리포니아에서 일할 수 있게 되기를 바라는 식구들의 희망에 대해 얘기하고 있다. 그때 사람들 그림자에 가려 있던 낯선 사람이 앞으로 나서더니 자신의 비참한 얘기를 들려준다. 캘리포니아에서 일자리를 찾을 수 없어서 아내와 두 아이가 굶어 죽었다는 것이다. 아버지는 걱정스러워 전도사에게 그것이 사실이냐고 묻는다. 케이시는 그 남자에게는 그것이 사실이지만, 조드 식구들에게는 어떤 것이 사실일지는 모른다고 말한다. 톰과 케이시는 엄마와 잠깐 말하고는 아침에 다시 합류하기로 한다. 톰, 존 아저씨, 케이시는 길에서 자려고 밖으로 나간다.

∙풀어보기

이 장에서 우리는 조드 가족의 경제상황 악화와 가족의 와해가 동시에 진행되는 것을 볼 수 있다. 땅에서 떨어질 수 없었던 할아버지는 농장을 떠나자마자 죽는다. 할아버지가 이 세상을 뜨자 할머니의 건강도 급속히 악화되고, 섀런의 장미도 자기와 남편 코니는 일단 캘리포니아에 도착하면 독립해서 살고 싶다고 한다. 엄마는 가족이 와해되고 있는 것을 알아차리고는 가족을 묶어두려고 필사적으로 투쟁하기 시작한다. 가족의 해체를 막는데 너무나 필사적인 엄마는 누가 잠시라도 가족을 헤어지게 하려고 하면 극단적인 방법으로 대처한다. 차가 고장 나서 톰이 식구들에게 잠시 흩어져 있자고 하자, 엄마는 잭 손잡이를 들고 한데 뭉쳐 있으라고 하는 등, 폭력도 불사할 자세를 취하는 것이다. 엄마는 외부 환경의 거센 힘이 식구들을 떼어놓으려 한다는 것을 알아챈다. 그래서 자신이 가정을 지키지 않으면 식구들이 흩어질 수밖에 없다고 생각하는 것이다. 엄마는 뭉쳐야만 살 수 있다는 것을 강조하면서 말한다. "우리가 가진 것이라고는 뭉쳐 있는 식구들밖에는 없는 거야. 늑대들이 어슬렁거리면 똘똘 뭉치는 소떼처럼 말이다."

엄마의 이런 태도 때문에 가족 구성원 사이의 권위가 이동한다. 엄마는 남자의 권위를 존중해 주었지만, 누구도 엄마의 존재를 무시하지는 못했다. 트럭 옆에서 남자들이 가족회의를 할 때 엄마는 끼어들지 않고 지켜보기만 했다. 그러나 엄마의 의견을 듣지 않고는 어떤 결정도 내리지 않았다. 엄마가 당시의 여성해방론자는 아니었다는 사실에 주목하자. 식구들을 따뜻하게 보살피고, 음식을 해먹이고, 보호하는 전통적인 여성의 역할에 충실한 엄마는, 아버지가 부양능력을 잃자 그 권위가 사라졌다는 사실을 잘 알고 있다. 그래서 가족을 한데 묶어놓으려고 자신이 잠정적으로 가장의 역할을 떠맡는 것이다.

주제 탐색 캠프장 운영자가 이주노동자들을 착취하는 것에 화를 내는 톰의 태도는 이익만을 노리는 자들이 저지르는 죄에 대해 분노하는 스타인벡을 대변한다. 인간은 자신의 이익이 아니라 모든 사람의 이익을 위해 일해야 된다. 자기 식구들의 배를 채우려고 하루에 3달러를 받고 다른 농민들을 땅에서 쫓아내는 트랙터 운전사가 5장에 등장했는데, 이 운전사가 바로 자신의 이익만을 추구하는 전형적인 인간인 셈이다. 캠프장 주인은 톰의 이런 성향을 알아차리고는 톰을 '말썽꾼'이라고 부른다. 하지만 톰은 엄밀한 의미의 공산주의를 제창하는 것은 아니다. 이 점은 스타인벡도 마찬가지다. 곤경에 빠진 사람들을 도와주려는 인간애의 표출인 것이다. 또한 스타인벡은 운이 나쁜 사람이라고 해서 모두 공짜로 혜택을 받아야 된다고는 말하지 않는다. 폐차장에서 톰은 눈을 하나 잃은 사람이 자기 신세를 한탄하자 심하게 꾸짖었다. 스타인벡은 땀 흘려 일하는 것이 극히 중요하다는 것을 계속 강조한다. '근육을 열심히 움직여 피곤할 때까지 일하는 즐거움'을 말하는 케이시처럼, 인간은 일을 해서 땀 흘리고 싶은 욕구가 있다고 스타인벡은 말한다.

Chapter 17

이주민들의 공동체 생활

　이주민 가족들은 차를 타고 서부로 향하게 되면서 스스로 공동체를 형성해 규칙, 법, 벌, 그리고 사회규범을 만들기 시작한다. 이런 공동체는 길가에서 야영하는 한 이주민 가족에서부터 시작된다. 이런 가족이 결국에는 스무 가족으로 늘어난다. 이렇게 가족들이 야영 생활을 하게 되면 각 개인은 음식을 먹을 권리와 개인생활을 보호받을 권리 등을 갖게 된다. 마찬가지로 다른 사람들은 조용히 자는 데 떠든다거나, 다른 사람은 굶주리고 있는데 자신만 음식을 먹는다든가 하는 것은 용납되지 않는다. 이런 행위는 벌을 받는다. 아침이 되면 가족들은 순회 공연하는 서커스단처럼 짐을 꾸려 캘리포니아 주로 다시 길을 떠난다.

:풀어보기

　　17장에는 케이시의 사랑과 대영혼의 이론에 기초를 둔 인간의 자치기구에 대한 전반적인 개념이 나타나 있다. 우리 인간은 모두 대영혼의 일부다. 따라서 모두가 상식, 경험 및 타인에 대한 존경심에서 법이나 권리를 따른다면 자신을 다스리는 자치기구 운영이 가능해진다. 이주민들이 형성하는 캠프장에서 이러한 자연발생적인 자치기구가 운영된다는 개념은 위드패치 캠프장에서 구체적으로 그 모습을 드러낸다. 이러한 자치기구는 약한 자들을 계속 불리한 입장에 두려고 힘 있는 자들이 강요하는 법과는 극명한 대조를 이룬다. 나중에 톰이 경찰관을 비롯한 힘을 가진 자들에게 분노할 때 대항해 싸운 불의인 것이다.

주제 탐색 임시방편으로 형성되는 캠프장의 자치기구를 보면 실용주의에 입각한 생존방식이 어떤 것인지 알 수 있다. 사고방식이 유연해서 새로운 상황에 적응할 수 있는 사람들이 생존하게 되는데, 이런 적응력은 집단행동을 통해 형성된다. '나'라는 개념에 갇혀 있는 사람들은 정적이지만, '우리'라는 공동체를 형성하려고 뭉친 사람들은 항상 동적이고 끊임없이 변화한다. 스타인벡의 소설은 단순히 당시의 사회를 그리는 글이 아니라는 점을 잊지 말아야 한다. 스타인벡이 제시하는 해결책은 급진적이거나 일방적이 아니라 보편적이다.

Chapter 18

 할머니, 세상을 뜨다

애리조나 주를 가로지르며 서부로 향해 가던 조드 일가는 새벽에 피로에 지친 채 캘리포니아 주에 도착한다. 오전중에 이들은 콜로라도 강가의 둑에 캠프를 친다. 톰을 비롯한 남자들은 강에서 몸을 씻으며 그날 밤에 사막을 건널 것인지를 결정한다. 할머니가 아프지만 아버지는 돈이 떨어지는 것이 걱정되어 한시라도 빨리 일자리를 얻고 싶어 한다. 조드네 남자들은 목욕을 하면서 캘리포니아 주에서 돌아온 어떤 부자(父子)와 얘기를 나누게 된다. 이 사람들은 조드 식구들이 어떤 고생을 하게 될지 알려준다. 비옥한 땅을 농작물을 심지 않은 채 방치해서 일자리는 드물고, 부패한 지주들은 근로자들을 속인다는 것이다. 가장 참기 힘든 일은 캘리포니아 주민들이 새로 온 사람들을 '오키'라는 말로 멸시하며 적대시한다는 것이다. 조드 식구들은 겁이 났지만 계속 가는 수밖에는 방법이 없다. 이들은 목욕을 끝내고는 그날 밤 여행을 계속 하기 위해 강가에서 낮잠을 자두기로 한다. 노아는 톰을 따라 풀숲으로 들어오더니 자기는 식구들과 함께 캘리포니아로 가지 않겠다고 하면서 엄마에게 전해 달라고 말한다.

텐트 안에는 엄마와 샤런의 장미가 건강이 계속 악화되는 할머니와 함께 앉아 있다. 한 덩치 큰 여자가 할머니를 위해 여호와의 증인들의 집회를 열어주겠다고 말하지만, 엄마가, 할머니는 날씨가 덥고 이동하는 데 지쳐서 그런 것뿐이라고 말하면서 거절한다. 엄마와 샤런의 장미는 그날 밤을 대비해서 잠을 자두려고 하다가 그 지역 보안관이 깨우는 바람에 눈을 뜬다. 그 지역에서는 '오키'들이 눌러 사는 것을 바라지 않기 때문에 오전중에 떠나라는 것이다. 그의 무례한 말에 화가 난 엄마는 프라이팬을 들고 위협한다. 그 남자가 가버리자 엄마는 앉아서 마음을 진정시키려고 한다.

조드 가족은 말썽을 피하려고 곧 길을 떠나기로 한다. 사막을 건너게 되면 세어리가 죽게 되리라는 것을 알고 있는 윌슨네는 남기로 한다. 조드네는 혼자 가기로 하고 윌슨네에게 먹을 것과 몇 달러를 남겨준다. 밤에 트럭으로 사막을 건너는 동안 엄마는 계속 옆에 누워서 할머니를 위로한다. 사막 중간쯤에서 농산물 검사관이 트럭을 조사하겠다고 하자, 엄마는, 할머니가 몹시 편찮아서 의사한테 가봐야 하니까 계속 가게 해달라고 흥분한 어조로 애원한다. 검사관은 그냥 가라고 한다.

조드네는 바스토우를 지나 산을 넘는다. 트럭이 테하차피로 내려가자 식구들은 아래에 펼쳐진 계곡의 아름다운 경치에 넋을 잃는다. 앨은 트럭을 멈추고, 식구들은 내려서 캘리포니아를 본다. 엄마는 식구들 모두에게 할머니가 세상을 떠났다고 말해 준다. 사실 농산물 검사관이 차를 세우기 전에 이미 돌아가셨다는 것이다. 식구들이 사막을 건너야 했기 때문에 엄마는 할머니를 도울 수 없었다는 것이다. 식구들은 강인한 엄마의 사랑에 감동 받는다.

: 풀어보기

인물 탐색 가족이 계속 붕괴되어가자 엄마는 더욱 강인해진다. 엄마는 스타인벡의 사회이론 중에서 인간애를 구현하는 구체적인 인물이다. 조드는 윌슨네를 남겨두고 떠나야 했으며, 노아는 콜로라도 강을 떠나지 않겠다고 했고, 할머니는 세상을 떠났다. 여기서 엄마는 가족의 붕괴를 막으려고 필사적으로 몸부림을 친다.

캠프장에서 종교를 믿는 여자가 몸이 아픈 할머니를 위해서 기도해 주겠다고 하자 엄마는 쫓아 버린다. 가족의 사생활을 지키고 싶기 때문이다. 보안관이 들어와 '오키'들이 그곳에 눌러 사는 것을 바라지 않는다고 독기 품은 말을 하자, 엄마는 프라이팬을 집어 들고는 꺼지라고 위협한다. 할머니를 살릴 수 없다는 것을 알게 되자 엄마는 죽은 사람보다는 산 사람을 우선시한다. 엄마가 할머니의 죽음을 알리지 않았기 때문에 식구들은 사막을 횡단할 수 있었던 것이다. 케이시는 엄마의 이런 강인한 정신력을 이렇게 칭송한다. "너무나 엄청난 사랑을 지닌 여성이어서 겁이 날 정도죠."

가족에게 타격이 가해질 때마다 엄마는 두 배로 강인해지지만, 가족이 와해되지 않도록 하려는 엄마의 필사적인 노력은 앞으로 계속 수포로 돌아간다. 지금까지 엄마는 인간애의 상징으로 그려졌지만, 엄마의 사랑이란 대부분 가족에 대한 사랑에 국한된 것이었다. 가족의 경제상황이 악화되면 될수록 엄마도 가족의 와해에 대해 속수무책이 된다. 이때 엄마는 자기 가족을 뛰어넘어 인간가족을 가슴에 품는다.

Chapter 19

:줄거리 다수가 굶주리면 혁명이

미국인들이 캘리포니아에 처음으로 정착하게 됐을 때 그들은 땅에 굶주려 있었다. 땅을 차지하고 싶은 욕망에 휩싸인 그들은, 자신의 생활에 만족하며 느긋하게 살던 멕시코인 원주민들을 지배하고는 땅에 대한 권리를 빼앗는 데 성공했다. 이런 과정을 통해 이들 이주민은 곧 소작농에서 지주로 탈바꿈했다. 농사는 열정이 아니라 사업이 되었으며, 성공은 돈으로만 측정되었다. 농장은 더욱 규모가 커지고, 농장주의 숫자는 적어졌다.

이제 농토를 빼앗긴 이주민들은 캘리포니아로 오면서 땅을 소유하고 싶은 엄청난 욕구도 함께 갖고 오는 것이다. 소수가 땅을 전부 소유하고 있으면 그 땅을 빼앗긴다는 것은 역사가 가르쳐주는 진실이다. 또한 엄청나게 많은 사람은 굶주리는데, 소수만 잘 먹고 있으면 혁명이 일어나게 된다. 지주들은 이주 근로자들의 힘을 분산시키려고 법을 제정하고, 사법기관에 근무하는 관리들은 이 법을 집행하게 된다. 적은 땅뙈기에다 농작물을 심은 사람은 사유재산 침해죄에 걸리고, 후버빌 같은 이주민들의 캠프는 공공위생에 위협이 된다는 이유로 폐쇄되어 소각된다. 한편, 후버빌의 아이들은 굶주려 죽어가고, 부모는 먹을 것을 달라고 기도한다. 부모가 기도를 중단하고 행동에 나서면 지주도 그 생명을 다하게 된다.

21장, 23장과 함께 이 장은 캘리포니아에 이주한 미국인들이 어떻게 멕시코인들에게서 땅을 빼앗아 정착하게 되었는지 그 역사적 배경을 그리고 있다. 또한 농사를 이익만을 추구하는 사업으로 보는 기업농과 그것을 생활방식으로 보는 농민의 생활이 충돌하면서 생기는 갈등을 다루고 있다. 스타인벡은 자본주의의 생리가 지배하는 농업의 기업화를 비판한다. 이익창출에만 관심이 있는 기업농들은 싼 임금을 받고도 일하려고 하는 이민자들과 이주노동자들을 더욱더 착취한다. 소작농들을 땅에서 밀어낸 기계처럼 이 대지주들은 땅을 경작하는 기쁨을 앗아간다. 이주민들이 식구들에게 먹이려고 적은 땅뙈기의 잡초를 뽑고 몰래 채소를 좀 심는 것을 알게 되면 이런 현상에 겁을 먹고 보안관을 시켜 채소를 뽑아 버린다.

또한 이 장에서는, 원래 캘리포니아에서 살던, 중국, 멕시코, 필리핀 등지에서 온 이민자들과 '오키'들은 뚜렷한 대조를 이룬다는 사실이 드러나 있다. 자신들도 미국 시민이니까 그에 상응하는 대접을 받아야 한다고 주장하는 '오키'들을 캘리포니아 토박이들은 위험한 존재로 보게 된다.

Chapter 20

 케이시, 톰 대신 자수하다

조드 식구들은 할머니 시신을 베이커스필드의 검시관에게 모셔가지만 겨우 매장비용 5달러를 절약할 수 있을 뿐이다. 이들은 이 도시 교외에서 처음 눈에 띄는 캠프촌에 차를 멈춘다. 이곳은 옆에 차가 한 대씩 주차된 천막들로 꾸려진 천막 집단촌이다. 천막을 세우는 식구들은 플로이드 놀즈라는 이웃 천막의 젊은이와 알게 되는데, 그는 이주노동자들을 괴롭히는 경찰의 가혹한 수법에 관해 설명해 준다. 경찰은 노동자들을 규합하려고 한다고 생각하는 사람은 무조건 감옥에 처넣고, 이런 불의에 대해 이의를 제기하는 사람은 죽여 버린다. 이렇게 희생된 사람은 단순히 '행려병사자'로 기록해 처리하기 때문에 누구도 관심을 가지지 않는다는 것이다.

플로이드와 헤어진 톰이 식구들이 있는 천막으로 돌아와 보니, 누더기를 걸친 어린애들에게 둘러싸인 엄마가 저녁으로 스튜를 준비하고 있다. 케이시는 톰에게 이제는 식구들에게 짐이 되기 싫으니까 떠나겠다고 말한다. 톰은 말썽이 일어날 것 같은 조짐이 보이니 적어도 하루는 더 있으라고 부탁한다. 천막 안에서는 코니가 시무룩해 하며, 자신은 오클라호마 주에 남아서 트랙터에 대해 공부하는 것이 더 좋았다고 샤런의 장미에게 말한다. 코니는 나중에 떠나게 되고 다시는 돌아오지 않는다. 엄마는 자기 주위에 서 있는 아이들 중에 아침을 먹은 아이가 한 명도 없다는 사

실을 알게 된다. 엄마는 식구들에게 스튜를 떠주고, 나머지는 아이들에게 주려고 냄비에 남겨놓는다.

저녁을 먹은 후에 톰과 앨은 플로이드를 도우러 간다. 플로이드와 얘기를 하는 사이, 일거리를 찾지 못해 낙담하고 피곤에 지친 사람들이 무리를 지어 차를 타고 캠프장으로 들어온다. 몇 분 후에는 번쩍거리는 차가 도착한다. 운전사가 차에서 나와서는 남자들에게 튤레어에 과일을 따는 일이 있는데, 하겠느냐고 한다. 플로이드는 우선 임금이 얼마인지 쓴 다음에 서명을 하고, 하청업 면허를 보여주면 일하러 가겠다고 말한다. 화가 난 하청업자와 동료인 보안관보는 플로이드가 중고차 전시장에 불법으로 침입한 죄를 저질렀다고 말하면서 체포하려고 한다. 플로이드는 보안관보를 때린 다음에 캠프장에서 도망친다. 보안관보가 플로이드에게 총을 쏘는데, 근처에 있던 여자가 맞아 부상당한다. 톰이 발을 걸어 보안관보를 넘어뜨린다. 그래도 보안관보가 계속 총을 쏘자 케이시가 목을 걸어차 의식을 잃게 만든다. 톰은 가석방 기간이기 때문에 조금이라도 법에 저촉되는 행동을 하면 안 된다. 그래서 케이시가 모든 책임을 지기로 한다. 경찰관들이 오자 톰은 강 근처에 숨는다. 케이시가 경찰에 자수한다.

해가 지자 앨은 톰을 찾으러 가고 엄마는 저녁을 준비한다. 존 아저씨는 엄마와 아버지에게 자신은 5달러를 내놓지 않고, 그 돈으로 술을 마셔 취했으니 죄를 지었다고 말한다. 엄마와 아버지는, 그 돈은 존 아저씨의 것이니 죄가 아니라고 한다. 그날 밤에 후버빌 캠프촌을 태워버릴 것이라는 소문이 나돈다. 노동자들이 조직을 만드는 것을 방해하려는 지역당국이 흔히 써먹는 술책이다. 톰이 숨어 있던 곳에서 돌아오자 식구들은 술에 취한 존 아저씨를 데리고 위드패치에 있는 정부 운영 캠프로 가기로 한다. 트럭이 캠프장을 벗어나자 경찰관이 차를 세우더니 북쪽인 튤레어로 가라고 지시한다. 톰은 싫다고 말하고 싶지만 엄마가 말린다. 이렇게 굴욕적으로 살아야 한다는 것에 스트레스를 받고 있는 톰은 엉엉 울어 버린다. 톰은 경찰이 사람에게 가는 곳을 지시할 수는 없다는 논리를 펴며 다시 돌아 시내를 가로질러 위드패치가 있는 남쪽으로 향한다. 그때 뒤에서 후버빌 캠프장이 탁탁거리며 타는 소리가 들린다.

:풀어보기

농업을 중시하고 신성시하는 철학은 스타인벡의 사회사상에서 중요한 위치를 차지한다. 이 철학의 근본을 형성하는 것은 바로 사람들은 땅에 가까이 가려고 하는 욕구가 있다는 것이다. 이 장에서는 케이시가 흙에다 발을 파묻으며 생각을 정리하려고 한다. 1장에서는 아이들이 발가락으로 흙에 그림을 그리는 장면이 등장한다. 톰이 고향으로 가는 길로 접어들자 맨 먼저 한 행동은 신을 벗고 흙에 발가락을 옴찔거린 것이었다.

인물탐색 짐 케이시는 이 소설에서 예수의 이미지로 그려진 것이 확실하다. 이름의 이니셜도 J. C.로 예수의 Jesus Christ와 똑같다. 그러나 케이시가 예수를 상징하고 있다는 것은 이름에서만 나타나는 것은 아니다. 예수처럼 케이시도 황야에 가서 정신적 부활을 경험했으며, 이 장에서는 톰 대신 자신을 희생한다. 자기 육신을 바치는 이러한 상징적 행동을 통해 자신이 주장하던 인간애와 인간의 단결을 완전히 몸으로 이해하게 되는 것이다.

이 장에서는 케이시가 처음으로 말이 아닌 행동으로 자신의 신념을 실천하고 있다. 케이시는 톰에게 이런 말을 한다. "나는 누구에게도 좋은 일을 한 번도 한 적이 없어." 이 말을 한 후 몇 시간 지나지 않아 케이시는 보안관보를 발로 걸어차고는 톰을 대신해서 자수하게 되는 것이다.

인물탐색 케이시는 이렇게 말과 사고에서 행동으로 옮겨가지만 톰은 정반대다. 톰은 마음대로 행동을 할 수 없게 되자 사물을 관찰하고 생각을 하게 된다. 지금까지 톰은 케이시의 사상에 별로 관심을 기울이지 않았다. 그런 것은 하루하루 살아가는 데 도움이 되지 않는다고 생각했기 때문이다. 하지만 이제는 자신의 사회적 책임뿐만 아니라 케이시의 이상도 이해되기 시작한다. 나중에 동굴에 숨어 행동의 자유를 모두 박탈당하게 되자 완전히 케이시의 이상을 자신의 것으로 받아들인다.

이 장에서는 전통적인 가족단위가 보다 큰 인간가족이라는 개념으로 대체되기 시작하면서 공동체 사회로 한 걸음씩 나아가고 있는 것이 보이기 시작한다. 경제적 형편이 악화되자 조드 가족은 자꾸 잃는 것이 많아진다. 벌써 케이시, 할머니, 코니가 사라졌다. 그러나 케이시의 희생, 앨과 플로이드 놀즈의 협조, 엄마가 굶주린 아이들의 배를 채워주는 것 등 사랑을 바깥세상으로 확장시키는 행동을 통해 보다 넓은 인간가족이 형성되기 시작한다.

Chapter 21

 줄거리

소농을 먹어치우는 기업농

먹이를 찾아 헤매는 개미떼처럼 고속도로에는 사람들이 끝없는 물결을 이루며 움직인다. 이 사람들은 거대한 기계 때문에 자신이 농사 짓던 땅에서 쫓겨난 농민들이다. 이 사람들은 서부의 비옥한 밭을 찾아 길을 떠나지만 굶주림과 절망감 때문에 변하게 된다. 그래서 이 농민들이 유입되는 도시 사람들은 겁을 먹는다. 도시 사람들은 토지를 소유하고 있지는 않지만 일을 하는 근로자들이며 빚을 진 사람들도 있다. 가족의 배를 채울 수 있는 음식을 버는 일이라면 무엇이든 하려고 드는 이 방랑유목민들의, 굶주림으로 가득 찬 절망감이 이들은 겁이 나는 것이다. 대지주들은 농산물 통조림 공장도 사들여서는 소농보다 더 싼 가격에 자신들의 농작물을 통조림 공장에 납품한다. 따라서 소농들도 망해서 결국은 배고픈 자들의 대열에 합류하게 된다. 대지주들은 이런 필사적인 사람들을 이용해서 돈을 벌 수 있다고 생각하지만, '굶주림과 분노는 종이 한 장 차이'라는 사실을 모르고 있다.

풀어보기

　　스타인벡은 이 삽입장에서도 계속해서 기업농들의 작

태와 인간의 존엄성을 무시하는 행동을 공격하고 있다. 거대
기업들이 통조림 공장을 매입하고는 소농들보다 더 싼 가격으
로 기업농에서 나온 농작물을 구입해 공장에 납품함으로써 소
농들을 망하게 하는 작태를 스타인벡은 성난 어조로 묘사한다.

캘리포니아 주민들은 오키들에게 위협을 느낀다. 돈과
힘을 가진 소수가 다수가 누려야 할 기본적인 인간의 존엄성
을 박탈했기 때문에 벌어지는 현상인 것이다. 이주노동자들의
절망감이 너무 엄청나서 상점의 판매원도 자신이 갖고 있는
하찮은 것을 지키려면 싸울 준비를 해야 한다고 느낄 정도다.

Chapter 22

 조드 일가 한숨 돌리다

불타는 이주민들의 캠프장을 뒤로 하고 조드는 정부 운영 캠프장에 가게 된다. 이곳에서는 지역사회에서 선출된 인사들이 캠프 운영에 관한 결정을 내리고, 법을 만들며, 벌을 주고 있다. 다음날 아침 조드의 새 이웃 티모시 윌리스 부부는 톰에게 함께 일하자고 한다. 그 사람들이 현재 일하고 있는 농장의 주인은 임금을 깎지 않으면 은행에서 농작물 관련 대출을 연장해 주지 않는다는 말을 했다고 한다. 그는 또 농장주협회에서는 정부 운영 캠프에서 여는 댄스파티에서 소란을 일으켜 보안관들이 캠프장을 폐쇄할 구실을 만들려고 한다는 것도 말해 주었다는 것이다.

캠프장 관리인은 조드 식구를 환영하는데, 엄마는 처음에는 이 사람을 의심의 눈초리로 본다. 하지만 관리인은 친절하고 조드를 존중하기 때문에 엄마는 다시 자기들과 비슷한 부류의 사람들 속에 있다는 사실에 안도한다. 남자들은 일자리를 찾으러 나가고, 엄마와 샤런의 장미는 부녀회가 올 것에 대비해서 청소를 한다. 엄마가 설거지를 하는 동안 캠프장의 광신자인 나이 든 여자가 와서는 샤런의 장미에게 캠프장 안에서 춤이나 연극 같은 사악한 일들이 벌어지고 있으며, 젊은 여자 두 명은 이런 사악한 행동을 했기 때문에 아기를 잃었다고 말해 준다. 샤런의 장미는 겁에 질리지만 엄마가 안심시킨다. 부녀회 여자들은 조드 천막에 와서는 캠프장의 규칙과 제4번 위생시설이 어떻게 운영되는지 설명해 준다. 조드네 남자들은 일자리를 찾지 못한 채 돌아온다. 엄마는 아버지에게, 이제 돌아다니지 않아도 되니까 할아버지의 죽음이나 노아가 떠난 것과 같은 슬픈 일을 되새길 시간이 있다고 말한다. 엄마와 아버지는 오클라호마를 추억하지만, 이제는 그곳이 자신들의 집이 아니라는 사실을 깨닫자 생각을 거둔다.

: 풀어보기

지금까지 온갖 역경을 이겨낸 조드는 위드패치 캠프장에서 한숨을 돌리지만 이것은 또 다른 고난의 태풍이 닥치기 전의 정적과 같은 것이다. 이곳은 끊임없는 공포와 사람을 지배하는 힘이 작용하지 않는, 인간이 스스로 자신을 다스리는 이상향을 상징한다. 조드가 떠나온 도덕적으로 부패하고 더러운 후버빌과는 극명한 대조를 이루고 있는 것이다. 엄마는 존중을 받으며 이곳 사회의 일원으로 환영을 받는다. 사람이 '다시 인간답게 느끼게 되자' 이내 인간의 존엄성이 회복되는 것이다.

톰이 초대받은 새벽식사도 인간애를 나타내는 예다. 윌리스네는 톰에게 음식을 권할 뿐만 아니라 일도 같이 하자고 한다. 함께 작업하면 일할 수 있는 기간이 짧아지지만, 이것은 이 캠프장의 공동체 정신을 나타내는 것이다. 규모가 작은 농장의 주인인 하인즈도 이러한 공동체 정신을 구현하고 있다.

이 사람은 농장주협회가 캠프장 댄스파티에서 난동을 일으키려 한다는 것을 미리 말해 주는 것이다. 그는 이전의 삽입장에서 묘사되었던 소농을 대표하는 인물로, 결국 기업농에게 밀려나게 된다.

Chapter 23

 고달픈 삶을 잊게 해주는 댄스파티

이주노동자들은 음식과 일자리를 찾는 것처럼 고달픈 시기를 이겨내는 생존의 필수품으로 오락을 찾게 된다. 이들은 꾸며낸 이야기든 영

화 속의 이야기든 서로 얘기를 나눈다. 돈이 좀 있는 사람들은 너무나 고생스러운 상황을 잊으려고 술에 취한다. 하모니카, 기타, 바이올린 등을 연주하는 사람도 있다. 그렇게 해서 밴드가 조직되고 댄스파티가 열린다. 젊은이들은 춤을 추면서 에너지를 발산하고, 나이든 사람들은 박수를 치고 발로 장단을 맞춘다. 댄스파티가 끝나면 젊은이들은 짝을 지어 어둠 속으로 사라진다.

: 풀어보기

문학적 장치 ► 비교적 가벼운 분위기인 이 삽입장은 고달픈 삶 속에도 여러 가지 오락을 즐기는 이주노동자들을 묘사하고 있다. 어쩔 수 없는 외부상황 때문에 한곳에 모이게 된 각양각색의 사람들이 음악, 춤 등 집단적이 오락을 즐기는 모습이 파노라마처럼 전개된다.

Chapter 24

 댄스파티의 폭력사태를 대비하다

토요일에 캠프장 사람들은 모두 밤에 열리는 댄스파티를 준비한다. 중앙위원회는 회의를 열어 농장주협회가 소동을 일으키는 것을 방지할 대책을 의논한다. 캠프장 출입구에 배치되는 남자들은 조금이라도 수상한 사람들을 감시하고 오락위원회에는 사람을 더 투입하기로 한다. 회장인 에즈러 휴스턴은 말썽을 일으키는 사람에게 신체적인 해를 입혀서는 안 된다고 경고한다. 조금이라도 싸움이 일어나면 보안관보들에게 캠프장을 폐쇄할 구실을 주기 때문이다. 톰은 위원회에 들어가 말썽을 방지하는 것을 돕는 역할을 맡는다.

그날 밤, 엄마는 섀런의 장미에게 어느 누구도 건드리지 못하게 할 테니 댄스파티에 가자고 설득하는 데 성공한다. 입구에서 톰과 체로키 인디언*의 피를 받은 캠프장 주민 줄은 수상한 젊은이 세 명이 들어가는 것을 보게 된다. 두 사람은 이들을 따라가는데, 젊은이들은 무도장에 가서 싸움을 일으키려 한다. 미리 말해 놓은 대로 오락위원회가 이 젊은이들을 벽처럼 둘러싸고는 무도장 밖으로 끌어낸다. 그들 역시 이주노동자라는 것이 밝혀진다. 휴스턴은 왜 이들이 동료 이주민들에게 해를 끼치려고 하

---

* **체로키 인디언**: 북미 대륙에 살던 아메리칸 인디언 부족.

는지 모르겠다고 한탄한다. 사람들은 이 젊은이들에게 아무런 상해도 입히지 않고 댄스파티에서 떠나도록 한다. 위원회는 댄스파티장으로 돌아간다.

아버지와 존 아저씨를 비롯한 남자들이 모여서 일자리를 구할 수 있는지를 놓고 이야기를 나누고 있다. 어떤 남자는 오하이오 주 에크론의 산악지역 남자들 이야기를 들려준다. 이 남자들은 고무공장에 착취당해서 노조를 결성하려 했지만 주민들이 쫓아내려고 했다는 것이다. 그래서 산악지역 남자들은 '터키 슛'(총을 쏘아 물체를 맞추는 시합)을 열었다. 일요일에 5천 명이 총을 들고 시내를 걸었던 것이다. 이 남자는 오키들도 '터키 슛'을 열어야 될 것 같다고 말한다.

풀어보기

댄스파티에서 싸움을 미연에 방지한 것은 집단행동이 얼마나 효과적인지 보여주는 한 예다. 즉, 이주노동자들도 공동목표를 위해 단결하면 얼마든지 잘 해나갈 수 있다. 그러나 한편으로는 서로가 존중하고, 인간답게 살 수 있을 때만 집단행동이 효과가 있다. 사회가 발전하려면 어느 정도 인간의 존엄성이 지켜져야 하는 것이다. 이런 집단행동이 성공하게 되자 지주들은 이주노동자들에게 겁을 먹는다. 오키들은 어리석거나 게으른 사람들이 아니라, 자존심 강하고, 생산적이고, 필요하면 집단행동을 할 수 있는 강력한 존재라는 것을 드러냈기 때문이다. 따라서 지주들은 조직형성의 기반이 되는 이주노동자들의 캠프장을 폐쇄하려고 한다.

사람들이 목욕을 할 수 있고 안전하게 느끼면 평화롭게
문제를 해결할 수도 있을 것이다. 그러나 정부 운영 캠
프 밖에서는 빼앗긴 자들의 분노가 부글부글 끓고 있다. 오하
이오 주 에크론 시의 고무공장 근로자들의 반항은 파업중 폭
력사태가 일어나는 26장의 사건을 예고하는 구실을 한다. '터
키 슛'에 관한 얘기를 한, 까만 모자의 사나이는 이렇게 말하
며 자신의 얘기를 끝낸다. "이곳에 있는 자들은 아주 비열해
지고 있어요. 캠프를 불태우고 사람들을 패는군요. 우리도 일
요일마다 '터키 슛'을 열어야 될 것 같아요." 상처가 곪아터질
것 같은 상황이 전개되고 있어 생각을 행동으로 옮겨야 할 시
간이 온 것이다.

Chapter 25

 줄거리 농작물과 함께 불타오르는 분노

캘리포니아 땅에는 농작물이 무르익는다. 수많은 사람들이 땀을 흘리고 머리를 써서 이렇게 풍성한 농작물을 거두게 되는 것이다. 농사 짓는 사람들은 맛있는 즙이 흐르는 과일을 맺게 하느라 개량된 기술을 익히고, 화학자들은 벌레와 병충해로부터 농작물을 지키느라 살충제를 실험한다. 그러나 대지주들은 노동자들의 임금을 내리고 있으며, 땀과 열정을 대지에 쏟는 소농들은 농작물을 거둘 수가 없어 자신의 땅을 대기업에 넘겨야 한다. 수확할 수 없는 농작물은 파기해 버려야만 한다. 배고픈 사람들이 밭에서 공짜로 먹을 것을 얻게 된다면 상점의 농산물 가격은 뚝 떨어질 것이기 때문이다. 배고픈 사람들이 지켜보는 가운데, 농작물이 불탄다. 이와 함께 분노도 불타오른다.

▪풀어보기

삽입장들 중에서 가장 강력하고 시적인 25장은 캘리포니아 농장에 봄이 찾아오는 아름다운 정경으로 시작해서 구약에서 나옴직한 신의 복수와 분노의 메시지를 담은 것 같은 경고로 끝난다.

주제
탐색 스타인벡은 이 장에서도 계속해서 농사에 기계를 남용
하고 기업이 횡포를 부리는 것에 대해 비판을 퍼붓는
다. 그러나 수확을 늘이기 위해 분투하는 과학자들은 칭송한다.
스타인벡은 기술의 발전을 반대하는 사람은 아니었다는 점을
잊어서는 안 된다. 작가는 기계의 긍정적인 측면과 부정적인
측면을 모두 다룬다. 땅에서 자라는 생명은 완전히 무시하고
이익만을 얻으려고 땅을 이용하는 농사를 스타인벡은 용납할
수 없었던 것이다.

Chapter 26

 줄거리 파업을 주도하던 케이시, 살해당하다

위드패치 캠프장에서 한 달이나 지냈지만 조드 남자들은 일자리를 구하지 못한다. 식구들이 먹을 음식은 떨어지고 샤런의 장미가 출산할 날이 다가온다. 엄마는 캠프를 떠나 일자리를 찾아야겠다고 결정한다. 엄마가 가장역할을 하자 아버지는 화를 내지만 엄마는 계속 화를 돋운다. 엄마가 건방진 소리를 하는 것은 계산된 언행으로, 아버지가 화를 내도록 하려는 것이다. 남자가 무엇인가에 대해 화를 낸다면 아직 괜찮다고 생각하기 때문이다.

조드 식구들은 다음날 아침 일찍 정부 운영 캠프를 떠난다. 펑크난 트럭 타이어를 갈아 끼우고 있는데, 옷을 잘 차려 입은 남자가 복숭아 따는 일을 하지 않겠느냐고 한다. 식구들이 후퍼 농장에 도착하자 경찰이 철망으로 된 문으로 들어가도록 안내해 준다. 입구를 성난 군중들이 아우성을 치며 둘러싸고 있다. 조드 식구는 문 안으로 들어가 등록을 하고, 한 상자에 5센트씩 받기로 하고 과일을 따기 시작한다. 식구들이 모두 일을 했지만 해가 질 때까지 번 돈은 전부 1달러였다. 엄마는 이 1달러를 후퍼 농장 상점에서 다 써도 영양가 없는 햄버거와 커피를 조금 살 수 있을 뿐이다. 점원은 냉소적이지만, 엄마는 그 사람이 부끄러워한다는 것을 알아차린다. 엄마는 설탕을 외상으로 달라고 하자 점원은 거절한다. 그러나 놀랍게도 점원은 설탕 값을 자신이 내고는 그 10센트를 돌려 받게 외상

전표를 가져오라고 엄마에게 말한다. 엄마는 점원에게 이런 것을 배웠다고 말한다. "곤경에 빠졌거나 다쳤거나 궁핍하면 가난한 사람들에게 가세요. 도움을 주는 것은 그 사람들밖에는 없어요."

저녁을 먹은 후에 톰은 문에 있던 사람들이 왜 화를 내고 있었는지 알아보려고 한다. 농장을 빠져나간 톰은 길가 캠프장에서 케이시를 만난다. 감옥에 갇혀 있었던 케이시는 동료 죄수들이 단합하는 것을 보며 집단행

동이 얼마나 효과적인지 알게 되었다고 톰에게 말한다. 케이시는 캠프장에 있는 다른 사람들과 함께 후퍼 농장에서 파업을 하고 있다고 설명한다. 한 상자에 5센트를 받기로 약속했지만, 2.5센트밖에 받지 못했다는 것이다. 조드는 파업을 깨는 역할을 하는 근로자인 셈이니까 5센트를 받는 것이다. 일단 파업이 완전히 진압되면 임금은 떨어질 것이다.

케이시가 이런 설명을 하고 있는데, 무기와 전등을 든 일단의 남자들이 들이닥친다. 그들은 케이시의 머리를 곡괭이 자루로 쳐서 죽인다. 톰은 곧 그 자루를 빼앗아 케이시를 죽인 자를 친다. 톰은 얼굴을 맞았지만 도망친다. 톰은 과수원에 숨어 있다가 다시 농장으로 돌아간다.

다음날 아침, 톰은 식구들에게 어떤 일이 있었는지 말해 준다. 톰은 코가 부러지고 자신의 얼굴을 알아볼지도 모르기 때문에 샤런의 장미와 집에 남고, 나머지 식구들은 일하러 간다. 케이시가 죽자, 파업은 진압되고 임금은 한 상자에 2.5센트로 떨어졌다. 하루 일을 마치고 돌아온 식구들은 겨우 1달러 42센트를 벌었을 뿐이다. 윈필드는 복숭아를 먹고 이질에 걸려 쓰러진다. 아버지는 사람들이 톰을 잡으려고 하며, 잡히면 목을 매달아 죽여 버리겠다는 얘기가 있다고 말해 준다. 톰은 떠나려고 하지만 엄마가 막는다. 일단 어둠이 깃들자 식구들은 톰을 트럭에 숨겨 농장을 떠난다.

앨은 트럭을 북쪽으로 몰면서 경찰을 피하려고 뒷길로만 간다. 기차 화물칸이 줄지어 서 있는 곳을 지나다 '목화 따기 구함'이란 표지를 보게 된다. 조드 식구들은 목화 따는 일을 하기로 하는데, 잘하면 그 화물칸을 하나 사용할 수도 있겠다고 생각한다. 톰은 엄마가 매일 밤 먹을 것을 가져다 줄 수 있는 거리의 시냇가에서 얼굴이 다 나을 때까지 숨어 지내게 될 것이다.

　　짐 케이시가 톰 대신 감옥에 간 것은 예수 같은 희생정신을 발휘한 상징적인 행동이었다. 이 장에서는 이런 상징성이 더욱 심화된다. 감옥에 있는 동안 케이시는 집단행동이 얼마나 효과가 있는지 알게 되었고, 이것을 콩알에 비유해서 톰에게 얘기해 주려고 한다. 감옥생활을 통해 케이시는 자신의 신념과 이상을 행동으로 옮겨야겠다는 자극을 받는다. 이제 케이시는 생계를 보장받는 임금을 얻어내려는 파업을 이끌고 있다. 예수처럼 케이시는 사람들을 구원하려고 죽게 되는 것이다. 죽으면서 케이시는 이런 말을 한다. "당신은 당신이 무슨 짓을 하고 있는지 모르는 거야." 이것은 예수가 죽을 때 한 말과 비슷하다. 케이시는 죽기 전에 톰에게 캠프장에 돌아가서 파업소식을 전하라고 한다. 아직 케이시의 제자가 될 준비가 되어 있지 않은 톰은 이 부탁을 거절하지만, 케이시가 죽은 후에 오랫동안 생각한 끝에 케이시가 시작한 일을 계속하게 된다.

주제탐색 아버지가 가장의 역할에서 물러나고 엄마가 그 자리를 떠맡게 되는 것은 인간의 존엄성은 땅과 동일시될 때 생긴다는 스타인벡의 신념을 역으로 증명하는 사례다. 아버지는 가족을 부양할 수 없게 되자 수동적인 인물로 전락하며 혼란에 빠진다. 이 장의 첫머리에서 엄마는 식구들에게 현실을 직시하라고 한다. 정부 운영 캠프에서는 안전하게 지낼 수는 있지만 일자리와 먹을 것은 없다. 아버지는 화를 내야만 힘을 되찾을 수 있다는 것을 본능적으로 알고 있는 엄마는 건방진 말을 해서 아버지를 행동하는 인간으로 되돌리려고 한다. 톰이 케이시를 죽인 자를 살해하자 엄마는 다시 식구들을 지휘해 톰을 숨기고는 후퍼 농장을 떠나도록 한다. 이런 과정에서 엄마는 전통적으로 남자의 역할인 가장이 되려는 의도는 없다. 가정의 와해를 막으려는 것뿐이다. 엄마는 식구들이 모두 안전하게 함께 살 수 있게 되어 자신은 가장의 역할을 내놓고 전통적인 여성으로 지낼 날이 오기를 고대하고 있다.

Chapter 27

: 줄거리 목화를 따며 향수에 젖는 이주노동자들

목화를 따는 사람이 필요하다. 자루가 없는 사람이라도 한 개 사서는 목화를 딴 것으로 갚으면 된다. 이주노동자들 중에는 편하게 목화를 따면서 고향을 그리는 사람이 많다. 저울을 속이는 경우도 있고, 그렇지 않은 경우도 있다. 사람들은 대부분 괜찮은 임금을 받기 때문에 하루 일이 끝나면 식탁에 식구들이 먹을 고기를 올려놓을 수 있다.

: 풀어보기

 스타인벡은 이 장에서 이제는 독자들에게 익숙한 뉴스 영화식 기법을 사용해 캘리포니아 목화밭에서 일하는 이주노동자들의 삶을 그리고 있다. 이 장은 다음 장에서 조드 식구들이 목화 따는 장면의 도입부 구실을 하고 있다. 사람들은 다시 일을 하고, 식탁에 고기를 올려놓을 수 있기 때문에 분위기는 쾌활하다. 노동자들은 서로 정보를 교환해서 어디에 가면 좋은 일자리가 있다는 것과 저울을 속이는 곳은 어디라는 것 등을 알려준다. 그러나 곧 겨울이 오고, 따라서 이 일도

끝난다는 것을 알기 때문에 노동자들의 즐거움에도 한계가 있다. 조드 가족도 또 다시 어려움이 닥치기 전에 잠깐 동안 행복을 만끽한다.

Chapter 28

  톰, 케이시의 이상을 이해하다

조드 식구들은 맨 처음 목화를 따기 시작한 사람들에 속하기 때문에 기차의 화물칸에서 살 수 있게 되었다. 이 칸에서 조드네는 웨인라이트네와 함께 살기로 한다. 조드는 매일 밤 고기를 먹을 수 있을 정도로 돈을 벌어서 옷도 새로 사고, 아이들에게는 크래커 잭(팝콘이나 땅콩에 설탕을 입힌 과자)도 사준다.

엄마가 그날 밤 저녁식사를 준비하고 있는데, 윈필드가 뛰어 들어온다. 루시가 다른 아이들과 싸우다가 자기 큰 오빠는 사람을 두 명 죽여서 숨어 있다고 철없이 자랑했다는 것이다. 엄마는 곧 걱정에 휩싸인다. 다른 식구들은 저녁을 먹게 하고는 엄마는 이 사실을 알려주려고 톰이 숨어 있는 하수구로 간다.

엄마를 본 톰은 자신이 숨어 있던, 빛이 들어오지 않는 동굴로 엄마를 데려간다. 엄마는 루시가 한 짓을 알려주며, 톰에게 멀리 떠나야 될 것 같다고 말한다. 톰도 그렇게 생각한다고 말한다. 엄마는 아들을 기억하기 위해 손으로 얼굴을 만진다. 톰은 혼자 있는 동안 짐 케이시와 그 사람이 가르쳐준 것에 대해 많이 생각했다고 엄마에게 말한다.

톰은 인간은 단결해야 된다는 전도사의 생각을 이해하기 시작하고 있는 것이다. 개인은 각자 영혼을 갖고 있는 것이 아니라 커다란 대영혼의 일부이며, 이 대영혼은 모든 사람을 포함하고 있다는 것을, 다음과 같은 케이시의 말을 통해 깨닫는다. "각 개인의 작은 영혼은 다른 사람들의 영혼과 함께 하여 완전하게 되지 않으면 아무것도 아니야." 그러나 톰은 이런 철학을 완전히 이해하지는 못한다. "각 개인이 생각하는 것은 그냥 생각하는 것뿐이야." 엄마는 톰에게 나중에 식구들을 찾으라고 애원한다. 그러나 톰은 케이시의 이론이 옳다면, 엄마 주위에서 일어나는 인간의 행동에서 자신을 볼 수 있을 것이라며 이렇게 말한다. "굶주린 사람들이 먹을 것을 위해 투쟁하는 곳마다 내가 있는 거예요." 톰은 케이시가 시작한 일을 계속하고 싶어 한다. 엄마가 케이시처럼 사람들이 톰을 죽일 것이라고 걱정하자, 톰은 대답한다. "케이시는 피하는 게 느렸어요."

화물칸으로 돌아오자 웨인라이트 부부가 엄마와 아버지에게 와서는 앨과 열여섯 살 난 자기네 딸 애그니스가 붙어 있다고 걱정한다. 엄마와 아버지는 앨과 얘기를 해보겠다고 한다. 웨인라이트 부부가 가자 아버지

는 엄마에게 자신의 인생은 이젠 끝난 것 같다고 털어놓는다. 엄마는 아버지에게 자신들은 계속 살아갈 것이라고 안심시킨다. 앨과 애그니스는 산책에서 돌아오더니 결혼해서 독립하고 싶다고 말한다. 엄마는 봄까지만이라도 함께 있자고 부탁한다. 두 가족은 결혼하게 된 것을 축하한다.

다음날 두 가족은 새벽이 되기도 전에 목화를 따러 간다. 목화를 따는 것은 그날이 마지막이기 때문이다. 도착하니 사람들이 벌써 줄지어 서 있다. 사람들이 너무 많아서 오전 11시가 되자 목화를 모두 따게 된다. 집에 돌아오자 비가 내리기 시작하고 섀런의 장미는 한기를 느낀다.

:풀어보기

인물탐색 톰은 동굴에 있는 동안 세상에 다시 태어난 듯한 경험을 하게 된다. 독립적이고 자기중심적인 인간에서 자신의 도덕적 신념을 모든 사람과 나누는 행동하는 인간으로 완전히 탈바꿈하는 것이다. 동굴에 갇혀 침묵과 부자유의 세계로 떨어진 톰은 드디어 케이시의 말을 곰곰이 생각해 볼 수 있게 된다. 톰은 난생 처음으로 사람은 모두 하나의 영혼을 공유하고 있으며 혼자서는 존재할 수 없다는 개념에 기초한 인간의 사랑과 생존에 관한 케이시의 이론을 이해하게 되는 것이다. 그러자 자신은 곤궁에 처한 사람들을 도와야 되는 사회적 책임감이 있다는 것을 깨닫는다. 그런데 케이시가 죽은 후에야 비로소 톰이 동굴에서 나와 케이시의 메시지를 대중들에게 전파하게 되는 데서 톰이 예수의 사도에 비유되고 있는 상징성을 주목해야 한다.

　톰이 숨어 있는 동굴 또한 상징성을 지니고 있는데, 이는 재탄생을 암시한다. 동굴은 자궁을 상징하며, 톰은 여기서 다시 태어나고 가족 곁을 떠나 인간가족을 품게 되는 것이다. 엄마는 좁은 통로를 지나 온통 암흑으로 뒤덮인 동굴에서 톰의 얼굴을 만진다. 이것은 소설의 첫머리에서 엄마가 톰의 얼굴을 만진 장면을 연상시킨다. 엄마의 이런 행동은, 톰이 혈육인 가족의 울타리를 벗어나 보다 큰 인간가족을 품기 위해 필요한 작별의식이다.

Chapter 29

홍수에도 꺾이지 않는 의지

회색 구름에서 장대비가 땅으로 내리꽂힌다. 결국 땅이 물을 더 이상 흡수할 수 없게 되자 시내가 되어 흐르고 그것이 밭으로 흘러들어가 호수가 된다. 이주노동자들은 물이 점점 차오는 것을 속수무책으로 바라볼 뿐이다. 땅에 물이 차면 자동차가 못쓰게 되는데, 무엇보다 일자리가 없어지게 된다는 것이 가장 비참하다. 노동자들은 캘리포니아 주에서 1년 동안 살지 않았기 때문에 정부 재해보조금도 받을 수 없다. 배가 고파 심신이 약해진 사람들 중에는 구걸과 도둑질로 연명하는 자들이 많다. 굶주리는 노동자들을 동정했던 현지 주민들은 이제는 이들을 두려워한다. 바빠진 사람은 검시관밖에는 없다.

얼마 안 있어 비가 그친다. 남자들은 밖에 나와 쪼그리고 앉아서는 땅을 살펴보며 생각에 잠기는 반면, 여자들은 이번에야 말로 남자들이 자포자기할지 아닌지 살핀다. 그러나 무리지어 얘기하고 있는 남자들의 얼굴에 공포가 사라지고 대신 분노가 들어앉는다. 남자들이 분노할 때는 포기란 없다는 것을 여자들은 알고 있다.

**문학적
장치** 마지막 삽입장에 해당하는 29장은 여러 면에서 1장과
짝을 이룬다. 날씨와 날씨가 땅에 미치는 영향을 상세
하게 그리고 있는 것은 1장과 똑같다. 다만 처음에는 가뭄이
었지만, 여기서는 홍수라는 것이 다를 뿐이다. 남자들이 원을
그리며 쪼그리고 앉아 궁리하고, 여자들은 남자들이 자포자기
할 것인지 지켜보는 장면이 부각되는 것도 같다. 여기에서는
남자들이 화를 내는 것이 다르다.

Chapter 30

: 줄거리 굶주린 남자에게 젖을 먹이다

아버지와 존 아저씨는 물이 이렇게 불어나면 결국은 자동차를 덮칠 것이라고 생각하고는 화물칸에 사는 사람들에게 힘을 합쳐 둑을 쌓아 물을 막자고 말한다. 남자들이 전부 힘을 모아야 되는 일이란 점을 사람들은 알고 있다. 거부하는 사람이 있으면, 모두 떠나야만 하는 것이다. 웨인 라이트네의 도움을 받으며 조드네 남자들은 다른 캠프장 사람들에게 얘기하러 간다.

샤런의 장미는 아직 예정일이 되지 않았지만 진통을 느끼기 시작한다. 아버지가 돌아오자 엄마는 딸이 출산할 때가 됐다고 말한다. 아버지는 그 말에 서둘러 행동을 개시하며, 자기 딸이 아이를 낳기 때문에 둑을 쌓아야만 한다고 남자들에게 말한다. 남자들은 폭우 속에서 미친 듯이 일한다. 밤새 남자들이 일을 계속하는 와중에 조드 칸에서 비명소리가 들린다. 비명소리가 잦아들자마자 홍수로 뿌리가 뽑힌 큰 사시나무가 둑으로 쓰러지며 구멍을 냈기 때문에 물이 쏟아져 들어온다. 앨을 비롯한 사람들이 자신들의 차로 뛰어가지만 물에 잠겨 시동이 걸리지 않는다.

몹시 낙담한 채 화물칸으로 돌아간 남자들은 샤런의 장미가, 영양실조로 쪼그라들고 파랗게 된 아이를 사산했다는 것을 알게 된다. 화물칸에 물이 들어오는 것은 시간문제이기 때문에 앨은 단을 쌓아서 가재도구가 젖지 않게 하자고 한다. 사람들은 단 위에서 웅크리고 밤을 지낸다.

아침이 되자 엄마는 높은 지대를 찾아 떠나자고 한다. 앨은 애그니스와 웨인라이트 부부와 함께 남는다. 샤런의 장미, 윈필드와 루시를 안고 엄마, 아버지, 존 아저씨는 물이 찬 도로를 따라 출발한다. 갑자기 내린 소낙비에 흠뻑 젖은 식구들은 오래된 헛간에 피신하기로 한다. 안에 들어가 보니 이미 사람이 있다. 누워 있는 아버지 옆에 남자애가 무릎을 꿇고 있다.

남자애는 엄마에게 자기 아버지가 굶주려 죽어가고 있다고 말한다. 너무 쇠약해진 남자는 고체 음식은 삼킬 수 없어서 수프나 우유 같은 영양분 있는 액체를 먹어야 한다. 엄마는 샤런의 장미를 쳐다본다. 두 사람의 시선이 교차하자 서로 말은 없지만 합의가 이루어진다. 엄마가 나머지 식구들을 헛간 밖으로 내보내는 사이에 샤런의 장미는 아이의 아버지 옆에 앉는다. 자신이 걸치고 있던 담요를 풀고는 젖으로 가득 부풀어 오른

가슴을 죽어가는 남자에게 물린다. 남자가 젖을 빨기 시작하자 섀런의 장미의 입술에는 신비한 미소가 감돈다.

주제 탐색 이 소설 마지막 장면에 등장하는 섀런의 장미의 행동은 생명의 순환을 완성하는 것으로 볼 수 있다. 즉, 부활과 생존을 확인하는 장면인 것이다. 자신의 일부를 낯선 사람에게 주는 행동을 통해 섀런의 장미는 자신을 뛰어넘어 거대한 인간가족과 하나가 되는 영적인 체험을 한다. 이것은 또한 예수의 살과 피를 신도들이 나누어 먹는 영성체 의식과 유사한 행동이라고도 할 수 있다. 궁극적으로는 가족을 지키려고 자신을 희생하는 개념을 뛰어넘어 생명을 지켜주는 자원을 모두 나눠 갖는 인간가족으로 합류하는 단계로 들어가는 것이다.

모든 사람이 대영혼의 일부인 지구촌 사회에서 자신이 어떤 위치에 있는지 이해하려면 가까운 가족을 잃어야만 하는 것 같다. 이 개념을 제일 먼저 깨달은 케이시는 가족을 가져 본 적이 없다. 케이시는 "이렇게 외로운 사람에게 가족이란 무엇인가?"라는 의문으로 첫걸음을 내딛으며, 모든 남녀와 하나가 되는 데서 그 해답을 찾는다. 마찬가지로 톰도 영원히 가족과 고립되자 이것을 이해하게 된다. 톰은 엄마에게, 가족과 접촉을 못하게 되더라도 자신은 이제 커다란 인간가족의 일원이 되었으니 영원히 사는 것이라고 말한다. 이 소설을 통틀어 조드 가족의 생명력을 상징하는 트럭이 홍수 때문에 완전히 쓸모가 없어지자 가족에게 남은 것이라고는 아무것도 없다. 그러나 자신들의 사회적 책임은 가족관계를 뛰어넘어 더 큰 데에 있다는 엄마의 자각을 행동으로 옮기는 것은 바로 그때다. 엄마는 말한다. "전에는 식구들이 제일 먼저였지. 그러나 지금은 그렇지 않아. 누구나 다 똑같애. 우리 형편이 나빠지면 나빠질수록 우리가 할 일은 더 많아지는 거야." 새런의 장미의 행동은 조드 일가가 인간가족의 품에 안기는 첫걸음을 상징적으로 표현하고 있다.

인물분석
노트

○ 톰 조드

짐 케이시가 스타인벡의 주요한 철학적 신념을 대변하는 인물이라고 생각하는 사람들이 많았지만, 결점투성이에 인간적 약점이 많은 톰 조드가 이 소설의 주인공임에 틀림없다. 톰은 소설이 전개되는 과정에서 자신의 경험, 직관력, 그리고 짐 케이시의 가르침에 덕분에 가장 큰 변화를 겪게 되는 인물로 그려진다. 그 변화 중에서도 자기중심적인 사람으로부터 공동체 사회에 속한 인간으로, 즉 '나'에서 '우리'로 변화되는 과정이 가장 극적으로 드러난다. 이것은 나만 생각하던 인물에서 가족을 극히 중요시하는 사람으로, 궁극적으로는 전 세계인을 자신의 가족으로 받아들이게 되는 인간으로 변모되는 과정이다.

톰은 마음씨가 따뜻하고 인정이 많지만, 화를 잘 내고 지극히 독립적인 성격을 가지고 있다. 행동이 앞서기 때문에, 이상을 꿈꾸고 말이 많은 짐 케이시와는 대조적인 실용주의적인 인물로 설정되어 있다. 짐 케이시가 인간조건에 관한 관찰자이자 논평가라면, 톰은 본능적으로 인간애를 실천하고 직관적으로 사태의 본질을 파악하는 인물이다. 톰은 자신의 환경을 도덕적 또는 사상적인 측면에서 파악하는 것이 아니라 당장 눈앞에서 벌어지는 사태의 실용적 측면에만 관심을 가지고 있다. 이런 면에서 톰과 케이시는 정반대의 길을 걷게 된다.

감옥에서 죄수들이 자신들의 신념을 실제 행동으로 옮기는 것을 보게 된 케이시는 관찰과 사색에서 행동하는 인간으로 변모한다. 그러나 톰은 정반대로 행동에서 사색하는 인간으로 변한다. 행동의 자유를 박탈당하자 비로소 톰은 케이시의 이상을 흡수할 수 있는 기회를 갖는다. 그러나 톰은 사색만 하는 것이 아니다. 케이시가 시작한 행동을 자신이 계속 이어받겠다고 약속하는 것이다.

○ 엄마

조드 일가의 실질적·정신적 기둥인 엄마의 일차적 목표는 가족을 먹이고, 위로하고, 마음의 상처를 치료해 주는 것이다. 가족은 공포와 고통을 엄마를 통해서만 느끼기 때문에 엄마는 우선 자신이 공포와 고통을 느끼지 않으려고 무진 애를 쓴다. 또한 가족은 엄마의 얼굴을 보면 웃기 때문에 자신이 조그만 일에서 기쁨을 느끼려고 한다. 그러나 무엇보다 엄마의 침착한 태도와 무엇에도 꺾이지 않는 힘이 가족을 한데 묶어둔다. 그런 힘은 엄마의 사랑에서 나온다. 엄마는 케이시가 말하는 이론적인 사랑을 몸으로 구현하는 사람이며, 톰과 마찬가지로 직관적인 도덕심을 갖고 있다. 엄마의 일차적인 관심의 대상은 가족이지만 제일 먼저 다른 사람들에게 먹을 것을 주는 사람도 엄마다. 케이시의 말대로, 엄마는 '그 어느 누구도 잊지 않는다'.

캘리포니아로 가는 도중에 엄마는 가족이 와해되는 것을 필사적으로 막으려고 한다. 그 와중에 자신의 역할이 확대되는 것을 느낀다. 위기가 닥쳐 식구들이 뿔뿔이 흩어지려는 조짐이 보이자 엄마는 적극적으로 가장의 역할을 맡게 된다. 톰이 잠시 서로 떨어져 있자고 하자, 엄마는 잭 손잡이를 쥐고는 그럴 수는 없다고 하면서 폭력도 불사할 태도를 보인다. 콜로라도 강가에 있는 캠프촌에 있을 때 그곳 관리가 떠나라고 하자 프라이팬을 휘두르기도 한다. 위드패치 캠프촌에서는 식구들에게 행동을 촉구하며, 아버지에게는 화를 낼 대상을 일러주어 강한 사람이 되도록 한다. 소설의 끝부분에서 화물차 칸을 떠나 고지대로 옮기자고 하는 사람도 엄마다.

그렇다고 해서 엄마가 가장이 되고 싶어 하는 것은 아니다. 가족을 먹이고 보살펴주는 전통적인 여성이 되고 싶은 엄마는 다만, '가족을 한데 묶어두고 싶을 뿐'이다. 따라서 바라는 것은 가족이라는 울타리가 명확하게 구분되는 곳에 가서 정착하는 것밖에는 없다. 딸인 섀런의 장미에게 강한 여성이 되어 가정을 지키는 사람이 되라고 말하는 것도 같은 맥락에서 나오는 교육인 셈이다.

○ 짐 케이시

전도사였던 짐 케이시는 자신의 종교적 신념에 회의를 느껴 전도를 그만두고는 황야에서 방랑하며, 신, 성스러움, 죄악에 관한 생각을 정리하려고 한다. 케이시가 처음 등장할 때 그는 아직도 혼란 속에 있지만, 에머슨의 대영혼에 관한 이론을 나름대로의 소박한 이론으로 정리하고 있는 중이다. 인간은 모두 보다 큰 영혼인 대영혼의 일부이며, 이 대영혼이 성령이며 인간의 영혼이라는 이론이다. 이 대영혼의 일부가 된다는 것은 모든 사람을 받아들이는 것을 의미하며, 따라서 "악도 없고 선도 없다. 다만 인간이 있을 뿐이다." 이런 자신의 신념을 기성종교에서는 받아들이지 않을 것이라고 판단한 케이시는 자신은 이제 전도사가 아니라고 말한다. 하지만 계속 사람들에게 자기 신념을 얘기하고 가르치려고 한다. 특히 톰에게 자신의 생각을 주입시키려고 하는데, 톰은 성질은 급하지만 케이시의 말에 주의를 기울인다. 이런 케이시의 가르침에는 초월주의, 인간애, 사회주의, 실용주의 철학이 혼합되어 나타난다.

짐 케이시는 이 소설이 나타내고자 하는 도덕의 대변인 구실을 하는데, 예수의 풍모를 보이는 경우가 많다. 이름의 이니셜도 Jesus Christ와 똑같은 J. C.이고, 예수처럼 황야에서 생활했으며, 예수가 자신을 희생한 것처럼 보안관보와 싸운 후에 톰을 대신하여 경찰에 자수한다. 이 시점이 되기 전까지 케이시는 자신의 신념을 행동으로 나타낸 것이 아니라, 주로 그 신념을 말로 표현하는 것에 관심을 기울였다. 톰을 대신해서 자신을 희생한 것이 케이시의 첫 번째 행동에 해당된다.

그 결과 감옥에 들어간 케이시는 그곳에서 조직적인 단체행동의 장점을 깨닫게 되어 자신의 신념을 보다 적극적으로 실천에 옮기기로 결심한다. 감옥에서 나온 케이시는 자신의 이론을 몸으로 실천하기 시작하고 결국 순교자의 죽음을 맞는다. 예수가 죽으면서, "아버지, 저들을 용서하소서, 저들은 자신이 어떤 짓을 하는지 모르나이다"라고 한 것처럼, 그는 "자네는 무슨 짓을 하고 있는지 모르고 있어"라고 외치며 죽는다. 또한 예수처럼 케이시의 가르침도 죽음을 맞이한 결과 세상에 전해지게 된다. 케이시의 사도인 톰은 그 가르침을 세상에 전하겠다고 맹세한다.

○ 새런의 장미

성질을 잘 내고, 자만심이 강한 새런의 장미는 이 소설에서 가장 호감이 가지 않는 인물이다. 갓 결혼한 이 여자와 남편은 캘리포니아로 가면서 계속 낮은 목소리로 낄낄거리며, 새로운 생활을 설계하느라 꿈에 부푼다. 가족의 고생에는 관심이 없고, 오로지 벌어지는 일이 자신의 뱃속에 있는 아이에게 어떤 영향을 끼치지나 않을까 걱정한다. 그녀는 가족이 더욱더 고통을 당하자, 자기연민에 빠지지만 아기를 사산하면서 변한다. 유방에는 문자 그대로 생명의 젖이 가득 들어 있지만 먹일 아기가 없는 그녀는 처음으로 자신의 틀에서 벗어난다. 굶주림으로 죽어가는 낯선 남자에게 젖을 물리는 것이다. 이

런 행동으로 섀런의 장미는 <u>인간의 대지에 생명의 젖을 적시</u>
<u>는 여신으로 변모</u>한다.

○ 아버지

　　엄마처럼 성숙한 인격을 갖추지 못했던 아버지는 인간
의 존엄성을 상실하는 인물로 그려진다. 농장을 빼앗겨 식구
들을 부양하지 못하게 된 아버지는 방향 감각을 잃고 어리둥
절한 사람이 되어 버린다. 소설의 첫머리에서는 아직 가장의
구실을 하고 있어서 그에 상응하는 대접을 받는다. 그러나 가
족에게 닥치는 고난이 커질수록 가장의 역할을 점점 상실하
게 되고 화를 내거나 뒷전에 물러 앉아 거의 생산적인 역할을
하지 못한다. 엄마나 톰이 그 역할을 대신한다. 아버지는 이제
전통적인 가장의 구실을 할 수 없게 되고, 우리는 톰의 말이나
성격에서 농토를 빼앗기기 이전의 아버지 모습을 엿볼 수 있다.
힘이 세고, 낯선 사람을 경계하며, 극히 독립적이고, 타인에게
휘둘리게 되면 성질이 폭발하는 그런 인물이었던 것이다.

○ 앨 조드

　　톰의 동생으로 사교적인 10대 청년. 여자와 자동차 외
에는 별로 관심이 없다. 형을 존경하지만, 특히 감옥에 있었다
는 것 때문에 더욱 존경하게 된다. 따라서 캘리포니아로 가는
동안 줄곧 형에게 자신의 존재를 인정받으려고 애쓴다. 1년

동안 트럭을 몰아 본 경험이 있어서 가족이 타고 가는 트럭의
정비를 맡게 되었으며, 이 책임을 아주 중요하게 여긴다. 쾌
활하지만 톰과는 달리, 도덕 관념이나 책임감은 부족하다. 예
를 들면, 톰은 복숭아 농장 문 밖에서 소동이 벌어지는 이유를
알아보려고 하지만, 앨은 여자애들을 찾는 것이 목적이다. 톰
처럼 영혼이 커다란 변화를 겪게 되는 경험을 맛보지는 못해
도 스타인벡이 전달하려는 사회적 변화를 대변하는 역할을 한
다. 소설의 마지막 부분에서 앨은 애그니스 웨인라이트와 약
혼하는데, 이것은 두 가족의 결합을 의미한다. 앨은 화물차 칸
의 칸막이 구실을 했던 커튼을 떼어냄으로써 이것을 상징적으
로 나타내고 있다. 애그니스와 앨은 자기들 가족에게서 벗어
나 농업이 아닌 다른 분야에서 일하고 싶어 한다. 이것은 이주
노동자들이 생존하기 위해 필요하다고 스타인벡이 생각하는
적응능력을 나타낸다.

○ 할아버지

소박하고, 음탕하며, 생명력이 가득한 노인이다. 어린애
같은 면이 있어 소리를 잘 지르고, 난폭하게 행동하며, 젊은
시절의 자랑을 일삼고, 욕을 잘한다. 화장실에서 나올 때 바지
단추 잠그는 것을 잊기도 한다. 소설의 첫머리에서는 캘리포
니아에 가면 포도즙으로 목욕을 하고 싶다는 말을 할 정도로
새로운 생활에 대한 꿈에 부풀지만 정작 떠나게 되자 평생 살

았던 땅에서 떠나지 않으려고 한다. 할 수 없이 식구들은 수면 제를 먹여 차에 태운다. 할아버지는 길에서 처음 맞는 밤에 심장마비로 세상을 떠난다.

O 할머니

성질이 괴팍하고 할아버지와 싸우기를 좋아한다. 할머니는 기성종교의 불합리한 면을 대변하는 인물로 설정되어 있다. 케이시의 식사기도는 전통적인 기도가 아닌데도 중간에 잠시 말을 끊을 때마다 "오, 주여"를 남발하기도 하고, 할아버지가 죽을 때 케이시에게 "기도해, 이런 제길"이라고 말하는 것에서 광신도의 일면을 엿볼 수 있다. 할아버지가 세상을 떠나자 할머니는 몽유병에 걸려 더욱더 종잡을 수 없는 상태가 된다. 조드 일가가 캘리포니아 사막을 횡단하는 도중에 숨을 거둔 할머니는 행려병사자로 매장된다.

O 존 숙부

아버지의 형. 젊었을 때 임신중인 아내를 죽게 했다는 죄책감을 평생 안고 산다. 임신중이었던 아내가 배가 아프다고 호소했지만, '너무 많이 먹어서' 그런 것이라고 무시하고는 의사를 부르지 않았다. 그 다음날 아내는 맹장이 터져 죽었다. 이런 죄책감에 시달리는 존 숙부는 술에 취하거나 미친 듯이 다른 사람들에게 자선을 베푼다.

○ 루시 조드

열두 살로 이제 막 사춘기에 접어들었다. 남동생을 휘두르려고 하는 루시는 캠프촌에서도 성질을 부려 친구를 사귀지 못한다. 그러던 어느 날 다른 아이와 싸우다 오빠가 사람을 죽이고 숨어 있다는 사실을 발설하고 만다.

○ 윈필드 조드

열 살인 윈필드는 조드 식구 중에서 제일 나이가 어린 사내아이로, 매우 쾌활하며 장난꾸러기다. 윈필드와 루시는 식구들이 땅을 빼앗겨 살 곳을 찾아 헤매는 것에 영향을 받지 않는다.

○ 노아 조드

조드 가족의 장남으로 조용하며 괴팍하지만 첫 인상처럼 정신장애인은 아니다. 읽고 쓸 줄도 알며, 다른 사람들처럼 생각할 수 있는 능력도 가졌다. 그러나 이상하게도 이 세상, 심지어는 가족과도 동떨어져 있다. 가족이 콜로라도 강에 이르자 노아는 강에서 떠나지 않겠다고 고집을 부려 일부러 가족과 떨어지는 첫 번째 식구가 된다.

o 윌슨 부부

조드 가족은 길에 나선 첫날밤에, 역시 이주노동자인 이들 부부를 만나게 된다. 캔자스 주 출신인 이들은 차가 고장 나서 길가에 서 있었던 것이다. 할아버지가 심장마비로 죽자 윌슨 부부는 천막과 누비이불을 빌려준다. 뿐만 아니라 가족 성경에서 한 쪽을 떼어주어 같이 매장하도록 하는 친절까지 베푼다. 앨이 이들의 차를 고쳐주자, 두 가족은 함께 캘리포니아 주로 가기로 한다. 캘리포니아 사막에 이르자 아내인 세어리가 몸이 너무 아파 계속 갈 수가 없다고 한다. 조드 식구들은 윌슨 부부를 남겨놓고 길을 떠난다. 조드와 윌슨 부부의 관계는 커다란 이주노동자들 삶의 소우주에 해당된다. 이들은 단결하면 힘이 생긴다는 사실을 실제로 보여준다. 이러한 공동체 사회는 위드패치의 캠프장에서 그 규모가 확대된다.

o 웨인라이트 가족

캘리포니아에서 일자리를 찾고 있는 이주민 가족이다. 목화를 따는 농장 근처의 화물차 칸을 조드 가족과 함께 쓰게 된다. 윌슨 부부와 마찬가지로 웨인라이트네 가족도 생존하려면 서로 힘을 합쳐 공동체를 형성해야 된다는 것을 보여주는 역할을 한다. 비가 내리자 아내는 샤론의 장미의 출산을 돕고, 남편은 아버지가 둑 쌓는 것을 돕는다. 가족 간의 경계를 무너뜨릴 수밖에 없게 되자 조드 가족은 도움을 줄 뿐만 아니라 도움을 받아들이게 되는 것이다. 웨인라이트네 딸 애그니스와 약혼하게 된 앨은 화물차 칸에서 두 가족의 경계선 구실을 했던 커튼을 떼어내는데, 이것은 한 가족이 되었음을 나타내는 상징적인 행동이다.

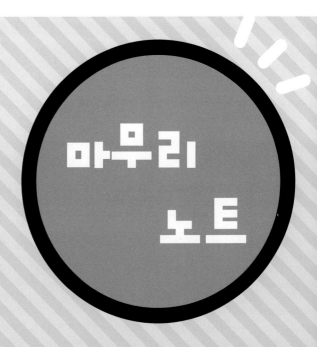

마무리
노트

삽입장에 나타난 문학적 도구

　　〈분노의 포도〉의 구성은 비전통적이다. 즉 이야기가 전개되는 장과 전반적인 논평이나 정보를 전달하는 삽입장이 교차되는 구성방식을 취하고 있다. 이것 때문에 짜증이 나고 신경에 거슬린다는 독자가 현재도 있다. 이런 삽입장들 때문에 이야기의 흐름이 끊긴다고 불평하는 독자도 있고, 소설이 두 부분으로 나뉜다고 말하는 독자도 있다. 그러나 조금이라도 보는 눈이 있다면 이 소설의 구성은 치밀하게 계산된 것이라는 스타인벡의 말을 금방 이해할 수 있다. 다양한 문체와 기법이 동원된 이 삽입장에는 사회·경제적 정보와 역사적 사실이 서술되어 있고, 문학적 상징이 포함되어 있어 이야기를 전개하는 장들과 연결하는 역할을 한다. 또한 이야기의 흐름과 관련이 없는 논평이 포함되어 있다. 이런 삽입장들은 이야기를 전개하는 장들과 서로 교묘하게 얽혀 이 소설의 주제를 통합하고 강화하는 구실을 한다. 스타인벡은 다음과 같은 세 가지 도구─병렬, 극화, 다양한 산문체─를 사용해 삽입장들이 이야기의 흐름을 방해하지 않도록 최소화시켰으며, 소설의 두 요소를 융합시켰다.

　　별개 요소처럼 보이는 것을 통합시키는 데 사용되는 기법 중의 하나가 병렬법이다. 이야기를 전개하는 장과 삽입장에 유사한 내용이 계속해서 연관되어 등장하는데, 먼저 삽입장에 전반적인 사항이나 상황이 나오고 계속되는 장에서 그 전반적인 상황이 구체적인 모습을 띠거나 결론을 맺는 것이다. 예를 들면, 7장에서는 중고차 세일즈맨들의 현란한 말솜씨가 독백처럼 흘러간 다음, 8장에는 조드가 중고 트럭을 사는 장면이 등장한다. 또 28장 마지막에서 빗방울이 처음 떨어진 후에 29장에서는 캘리포니아 계곡에 장대비가 쏟아져 계곡이 물에 잠기는 커다란 그림이 그려지고, 이어 30장에서 조드의 화물차 칸을 홍수가 덮치려고 하는 장면이 등장한다. 이렇게 반복되는 상징 또는 주제에 해당되는 주요 요소들에 의해서 두 종류의 장들이 통합된다. 3장에서는 고속도로를 건너는 거북이 투쟁의 상징으로 자세하게 묘사되어 있다. 이 거북을 4장에서 톰이 주워든다. 그리고 6장에서는 이 거북을 다시 땅에 놓아주는데, 조드 가족이 나중에 가게 되는, 바로 그 방향으로 거북은 발걸음을 재촉한다. 마찬가지로 9장에는 낯선 사람의 도움을 받아 살게 된 어떤 가족이 등장하는데, 다음 장에서는 조드가 윌슨 부부를 도와준다.

두 번째는 극적인 서술기법으로, 삽입장에서 광범위하게 이용되고 있다. 극적 서술기법이란 조드네 가족이 겪게 되는 고난의 여정의 사회적·역사적 배경을 나타내기 위해 일화, 독백, 대화 등을 콜라주* 기법처럼 사용한 것을 뜻한다. 예

---

* **콜라주**: 화폭에 인쇄물을 오려낸 것, 꽃잎, 헝겊 등을 붙이는 것.

를 들면, 9장에서는 자신은 잘 알지 못하는 시장경제 체제를 통해 가재도구를 팔아야 하는 농부들의 좌절감이 독백으로 전개되고 있다. 그러나 스타인벡은 단순히 사회·경제적 배경을 설명하는 데 그치지 않고, 가뭄이 소작농민들에게 끼친 영향이나 농부들이 서부로 떠나자 농가들이 점진적으로 폐허로 변하는 장면을 독자들 스스로 그려 보도록 유도하고 있다.

스타인벡은 삽입장에서 다양한 문체를 구사함으로써 자칫하면 교훈적인 설교로 전락할 수도 있는 것을 방지한다. 중고차 세일즈맨들이 등장하는 삽입장에서는 뉴스 영화식 문체가 동원되며, 23장의 댄스파티 장면은 마치 한 편의 영화를 보는 것 같다. 이야기를 전개하는 장에서 주인공들은 투박하고 소박한 어법을 구사하고 있는데, 삽입장에 등장하는 인물들도 마찬가지다. 그러나 삽입장은 전반적이고 개괄적인 배경을 설정하는 구실을 하기 때문에 여기 등장하는 인물들의 대사는 따옴표를 사용하지 않고 전달된다. 이런 대사의 콜라주 기법은 조드 일가에 영향을 끼치는 사회적 상황을 조감할 수 있게 해준다.

스타인벡의 사회사상에 영향을 끼친 철학

스타인벡의 사회사상은 19세기 미국의 토양에서 자란 세 가지 철학에 의해 형성된 것 같다. 에머슨의 대영혼에 관한 개념, 월트 휘트먼과 칼 샌드버그의 작품에 나타난 인간애와 대중 민주주의에 관한 신념, 그리고 헨리 제임스의 실용주의가 그것이다.

　대영혼의 초월주의 개념은 짐 케이시가 모든 인간의 영혼은 커다란 하나의 영혼의 일부분에 불과하고 단순하게 표현했다. 초월주의를 제창한 사람 중에서 가장 유명했던 랠프 에머슨은 대영혼이란 보편적인 정신 또는 영혼으로, 모든 생명체를 살아 있게 하고, 생명을 이어갈 수 있도록 동기를 부여하고, 한데 묶어놓는 원리라고 정의했다. 케이시는 여러 번 모든 사람을 신성하게 묶어놓는 하나의 커다란 영혼이라는 것을 언급하는데, 이 개념은 단결하면 힘이 생긴다는 기본 개념과 잘 맞아떨어진다. 그러나 미국의 초월주의는 개인주의도 인정한다. 여기서 말하는 개인주의란 평범한 사람이 스스로 일어설 수 있다는 믿음이다. 거북의 강인한 생명력과 엄마의 "우리는 인간이잖아, 우리는 앞으로 나아가는 거야"라는 말이 개인주의의 힘을 상징적으로 나타낸다. 강인한 개인주의와 대영혼의 일부인 모든 인간을 포용하는 초월주의가 결합되는 것을, 우리는 톰이 변모해 가면서 결국에는 새로운 사람으로 태어나는 것을 통해 볼 수 있다.

　주인공들이 종교적인 인생관에서 인간애에 기본을 둔 인생관으로 변해가는 것은 스타인벡의 사회사상에서 발견되는 인간애를 나타내는 것으로 볼 수 있다. 월트 휘트먼은 민주주의란 개인 간의 상호관계가 존재하는 것에 그 기초를 두고 있기 때문에 집단적인 존재도 개인적인 존재처럼 중요하다고 믿었다. 스타인벡의 인간애는 이러한 휘트먼의 정치적 이상주의를 반영하고 있다. 보통 사람을 칭송하는 휘트먼의 시에서 우리는 미국식 인간애의 뿌리를 볼 수 있는데, 인간애란 결국 모든 사람을 사랑하는 것이라고 이해할 수 있다. 케이시는 인간애를 이렇게 표현하고 있다. "우리는 남자든 여자든 모두 사랑하는 거야. 그것이 성령이야. 그것이 인간의 영혼이야." 이런 사랑을 행동을 통해 실천하는 사람들은 엄마들, 세어리 윌슨, 새런의 장미 등 여성이다. 엄마는 소설 첫머리부터 사랑의 화신 같은 인물로 그려진다. 낯선 사람에게 제일 먼저 먹을 것을 주고 따뜻하게 보살펴주는 사람은 엄마다. 케이시를 가족으로 받아들이고, 후버빌에서는 굶주린 아이들에게 먹을 것을 주는 엄마의 행동에서 우리는 사랑의 화신을 만날 수 있다. 엄마는 헌신적으로 다른 사람들을 돕고, 새런의 장미에게도 이런 정신을 주입시키려고 한다. 자신도 몸이 아프지만, 할아버지의 죽음을 맞이한 조드 가족을 돕는 세어리 윌슨도 사랑을 가정이라는 울타리 밖으로 확장시킨 전형적인 인물이라고 할 수 있다. 새런의 장미는 소설이 거의 다 끝날 때까지도 일신상의 안락만을 생각하는 여성이다. 그러나 마지막 장면에서 인간가족을 포용하는 성스러운 여성으로 변모되어, 죽어가는 낯선 남자에게 젖을 먹인다.

스타인벡의 세 번째 사회철학은 실용주의다. 작가는 '비신학적 사고' 또는 '존재의 사고'라고 표현했다. 실용주의란 인간의 삶이란 어떻게 되어야 한다고 논하는 것이 아니라, 즉 당위성에 관해서 말하는 것이 아니라, 삶은 있는 그대로 봐야 한다는 사상을 뜻한다. 따라서 인간은 종교적이거나 도덕적 가르침에 따라 행동하는 것이 아니고, 경험과 개인적인 판단에 따라 현재 앞에서 벌어지고 있는 일에 반응하며, 그 순간을 살아야 하는 것이다. 톰은 대부분의 경우에 보거나 생각하는 것이 아니라 행동하는 것에 초점을 맞춰 외부의 사태에 반응하는 인간으로, 상당히 실용적이다. 톰은 케이시가 미래에 대해 상당히 광범위하게 생각하는 것에 짜증이 난다. 자신은 '한 번에 한 발씩 내딛고, 올라갈 담장이 있으면 올라가는 것'을 좋아하기 때문이다. 톰은 엄마에게 '그냥 하루하루를 살아 나가라'고 말하지만, 엄마는 나름대로의 실용주의 철학을 갖고 있다. 엄마의 실용주의의 초점은 가족을 지키는 데 있다. 앨이 엄마에게 캘리포니아에서 어떻게 살지 생각하느냐고 묻자, 자신은 가족을 돌보고, 한데 묶어두는 데 온 신경을 쓰기 때문에 그렇게 먼 미래의 일에 대해서는 생각할 겨를이 없다고 말한다. 자신의 역할을 완벽하게 이해하고 있는 엄마는 사태가 어려워지면 어려워진 상황을 그대로 받아들이며, 그 변화하는 상황에 따라 행동을 수정한다. 이러한 유연성이 실용주의의 한 측면이며, 이주노동자들이 생존하려면 그것이 필수적이라고 스타인백은 생각한다. 실용주의는 또한 추상적인 종교적 신념에서 벗어나 살아 있는 인간이 신성하다는 것에 초점을 맞추는 것을 의미한다. 케이시는 기성종교와 기성종교에서 흔히 되뇌는 기도를 부정한다. 할아버지의 무덤에서 신의 도움이 절실한 존재는 현재 살아 있는 사람이라는 기도에서도 실용주의적 정신세계를 엿볼 수 있다.

이 부분은 원작에 대한 이해력을 테스트하는 난입니다. 다음의 세 가지 코너를 차례로 끝내면, 〈분노의 포도〉에 대한 포괄적이고 의미 있는 파악이 가능해질 것입니다.

A   빈칸에 알맞은 말을 넣어 작품에 대한 다음 설명을 완성하시오.

1. 죄와 선은 똑같은 것의 한 부분이어서 결국은 같은 것이라는 케이시의 말은 인간의 영혼은 모두 결국 하나의 커다란 영혼의 일부분이라는 _____을 달리 표현한 것이다.

2. 3장에서 고속도로를 횡단하는 거북은 _____을 상징한다.

3. 〈분노의 포도〉에서 스타인벡이 사용한 구조와 문체에 가장 큰 영향을 끼친 것은 _____이다.

4. _____의 사회적 개념을 가장 잘 나타낸 것은 톰의 다음과 같은 말이다. "나는 올라갈 담장이 있으면 올라간다."

5. _____ 식이라고 알려진 문학기법의 예는 7장의 중고차를 매입하는 장면에서 볼 수 있다.

6. 이 소설의 구성은 _____에서 그 정점을 향해 치닫게 되는데, 이곳은 인간이 스스로 자신을 다스리는 자치기구를 만들 수 있다는 것을 보여준다.

7. _____는 예수를 상징하는 인물이라고 생각되는 경우가 많다.

8. 인간의 정체성과 자긍심은 사람이 땅과 땅에서 생성되는 생명의 주기와 연관될 때 비로소 생긴다는 이론은 _____다.

9. 세어리 윌슨이 조드에게 쉴 곳을 마련해 주고, 엄마가 후버빌에서 굶주린 아이들에게 음식을 준 것은 _____를 나타내는 행위인데, 이것은 모든 인간에 대한 애정을 말한 월트 휘트먼의 철학과 밀접하게 관련된 개념이다.

10. 톰 조드는 숨어 지내는 동안 _____을 겪게 된다. 톰은 _____이라는 케이시의 메시지를 전파하러 다시 세상에 모습을 드러낼 것이다.

모범답안: 1. 에머슨의 대영혼설 2. 끈질긴 생존력 3. 킹 제임스판 성경 4. 실용주의
5. 뉴스 영화 6. 위드패치의 정부 운영 캠프 7. 짐 케이시 8. 제퍼슨의 농업주의 9.
인간애 10. 부활과 영적인 변화; 단결을 통해 얻어지는 힘과 생존

B 원작에서 다음 인용문을 찾아, 그 장면에 대해 설명하시오.

1. 나는 먹을 것이 있는데, 다른 사람은 굶고 있다면 나는 달리 대안이 없지요.

2. 나는 엄마가 있는 곳이면 어디에나 있을 거예요. 배고픈 사람들이 먹을 것을 위해 투쟁하는 곳이면 어디에나 있을 거예요. 경찰이 사람을 때리는 곳에는 어디에나 있을 거예요.

3. 우리는 인간이잖아, 우리는 앞으로 나아가는 거야.

4. 어렵거나 힘들면 가난한 사람들에게 가세요. 도와주는 사람은 가난한 사람들밖에는 없어요.

5. 악도 없고 선도 없다. 다만 인간이 있을 뿐이다.

모범답안: 1. 뮬리 그레이브즈가 톰 조드와 짐 케이시에게 하는 말. 자기 혼자만 배를 채울 수 없다는 뮬리의 말은 인간은 모두 커다란 영혼의 일부분이라는 케이시의 이론을 강조하고 있다.
2. 톰이 동굴 안에서 엄마에게 한 말. 톰은 자신과 가족이라는 울타리를 넘어 인간가족을 가슴에 품으며 케이시의 이상을 세상에 전파하려고 결심한다.
3. 엄마가 톰에게 생존과 불가사의하지만 부정할 수 없는 생명의 순환을 강조하는 말.
4. 엄마가 후퍼 농장의 상점점원에게 하는 말. 생존하기 위해서는 단결해야 된다는 것을 강조하고 있다. 또한 아무것도 소유하지 않은 자가 가장 땅과 가깝게 생활하는 것이며, 따라서 가장 인간답다는 개념을 나타내는 말이다.
5. 짐 케이시가 톰에게 자신이 새롭게 정립한 철학을 설명하면서 하는 말. 인간은 모두 대영혼의 일부라는 에머슨의 초월주의 철학과 같은 개념이다.

C 다음 주제에 대해 논술하시오.

1. 삽입장의 목적은 무엇인가?

2. 조드 일가의 경제상황 악화와 가족의 해체는 어떻게 관련되어 있는가?

3. 톰이 독립적이고, 자기중심적인 사람에서 인간가족을 가슴에 품는 인간으로 변모하는 과정을 설명하라.

4. 〈분노의 포도〉가 탄생된 사회적 · 역사적 배경을 간단히 설명하라. 이런 배경 때문에 소설이 처음 출간되었을 때 어떤 평가를 받았는지, 또 세월이 흘러 이런 상황이 변하자 평가가 어떻게 달라졌는지 간단히 설명하라.

5. 3장에 등장하는 거북의 상징성에 대해 설명하라.

一以貫之
논술노트

'분노의 포도' – 새로운 관계 맺기 ○

실전 연습문제 ○

一以貫之는 '논어'에 나오는 말로 '모든 것을 하나의 이치로 꿴다'는 뜻입니다.

논술의 주제와 문제 유형, 제시문들은 참으로 다양하고 가지각색입니다. 그러나 그 모든 것을 하나로 꿸 수 있습니다. '인간사회의 보편적 문제들에 대한 근원적인 물음에 답하는 자기 나름의 견해'라는 것이지요. 논술은 인간이면 누구나 부닥치는 개인적 또는 사회적 문제들에 대한 자기 나름의 고민이자 성찰입니다. 논술은 자기견해, 자기 가치관, 자기 삶에 대한 솔직한 고백입니다.

一以貫之 논술 연구모임은 '자신의 물음'과 '자신의 생각'을 갖고 '자신의 글'을 쓸 수 있도록 도와줍니다.

'분노의 포도' - 새로운 관계 맺기

1. 분노! 포도!

소설을 읽고 나면 항상 제목이 무엇을 의미하는지 해결해야 한다. 비록 제목의 의미가 완전히 이해되지 않더라도 작가가 왜, 하고 많은 제목 중에서 이러한 제목을 달았는지 어렴풋하게나마 느끼고 있어야 하는 것이다. 그러나 이 책의 제목인 〈분노의 포도〉는 책을 읽고 나도 명확하게 잡히지 않을 수 있다. 무관심하게 읽은 독자라면 딱 한 번 나오는 '분노의 포도'라는 단어를 지나치기 쉽기 때문이다. 또한 작가나 작품에 대한 정보가 없이 이 책을 처음 접하는 독자라면 제목이 도대체 무엇을 의미하는지 감을 잡기 힘들다.

포도가 분노를 한다는 것인지? 아니면 포도를 보는 사람들이 분노를 일으킨다는 것인지? 아니면 포도가 분노의 원인인지? 이런 여러 가지 생각이 들 수 있다. 어쨌든 조금만 생각해 보면 분노라는 감정이 포도를 통해서 누군가에게 일어난다는 것이다. 그러면 우리가 이 책을 이해하려면 "분노하는 주체가 도대체 누구인가?"라는 것과 도대체 "왜 그들은 포도를 보고 분노하는가?"를 밝혀내면 된다. 아무런 사전 정보가 없더라도 의문을 가지고 책읽기를 시작하는 것은 아주 좋은 일이다. 자신의 의문이 전혀 근거 없다면 철회를 하면 될 것이고,

의미가 있다면 자신의 선견지명에 박수를 보내면 되니까. 그
렇다면 도대체 '분노의 포도'는 무엇일까? 그 단어가 등장하
는 부분을 인용하는 것으로부터 시작해 보자.

　　실험농장에서 일하는 사람들이 새로운 품종을 개발해낸다. 넥타
린 복숭아와 40여 종의 오얏, 그리고 종이처럼 얇은 껍질을 가진 호도
같은 열매들이다. 그들은 언제나 종자를 개량하고, 접붙이고, 개량하고,
자신들을 격려하고, 땅을 일구어 수확을 늘리면서 부지런히 일한다.
　　(중략)
　　포도도 마찬가지다. 좋은 포도주는 도저히 만들 수 없다. 좋은
포도주는 사먹을 수가 없다. 좋은 포도, 노란 말벌이 갉아 먹은 포도
할 것 없이 몽땅 덩굴에서 뜯어내서 그것을 줄기째, 때가 묻은 채, 썩
은 채 몽땅 짓이기는 것이다.
　　(중략)
　　과일의 제값을 유지하기 위해서는 포도 덩굴의 뿌리가, 나무의
뿌리가 모두 파헤쳐져야 한다. 이거야말로 무엇보다도 뼈아픈 일이 아
닐 수 없다. 트럭에 가득 실은 오렌지가 땅바닥에 마구 내동댕이쳐진
다. 과일을 얻으려고 몇 마일씩이나 걸어온 사람들도 이것은 가져갈 수
가 없다. 차만 조금 타고 나가면 얼마든지 딸 수 있는 것을 무엇 때문
에 여남은 개에 20센트씩 주고 사가겠는가? 고무호스를 들고 있는 사
람이 오렌지더미 위에다 석유를 뿌려댄다. 그는 사람들의 죄악에 분개
하고 있는 것이다. 그 과일을 얻으러 온 사람들에게 분풀이를 하고 있

는 것이다.

(중략)

강물 속에서 감자를 건지려는 사람들이 어망을 들고 나온다. 망을 보는 사람이 그들을 제지한다. 배고픈 사람들은 덜거덕거리는 차를 타고 와서 버린 오렌지를 주우려 하지만 석유가 뿌려져 있는 것이다. 그들은 묵묵히 서서 물에 떠내려가는 감자를 지켜보고 도랑가에서 잡고 있는 돼지 멱따는 소리에 귀를 기울여 보지만, 그것은 곧 땅속에 파묻혀서 그 위에 석회가 겹겹이 발라진다. 산더미처럼 쌓인 오렌지가 썩어 물이 질컥질컥 흐르는 것을 뻔히 쳐다보고 있다. 사람들의 눈에는 낭패의 빛이 떠오르고 굶주린 사람들의 눈에는 분노가 서린다. 사람들의 눈에는 분노의 포도가, 포도송이처럼 주렁주렁 매달린 분노가 충만하고 그 포도 수확기를 위하여 알알이 더욱 무겁게 영글어 가는 것이다.

이 소설에서 제목이 나오는 유일한 부분이다. '분노의 포도' 이것은 단순히 상징이 아니다. 이것은 실재의 분노이고 실재의 포도다. 새로운 품종을 개발해서 수확을 늘리면 늘릴수록 값은 떨어지고 소지주는 망한다. 통조림 공장을 가지고 있는 대지주만 살아남고 오렌지의 제값을 유지하기 위해 석유를 뿌리고 포도나무의 뿌리를 뽑는다. 감자는 강물에 버리고, 값이 떨어진 돼지는 그대로 잡아 죽여서 땅에 묻어 버린다. 그렇지만 이것은 배고픈 사람들의 소유가 아니다. 그들은 썩어가는 과일과 땅에 묻히는 돼지, 버려지는 감자를 보면서 분노한다. 사람들의 눈에는 분노가 알알이 맺혀 있다. 알알이 맺히는 포도는 그들의 분노를 더할 뿐이다. 도대체 이러한 상황이 왜 일어났을까? 한 쪽에서는 먹을 것이 남아돌아서 문제이고 다른 한 쪽에서는 그것을 보며 굶어 죽어야 하는 이런 부조리한 상황이 도대체 왜 일어났을까?

2. 생산수단

인간은 더 나은 삶을 살기 위해서, 더 행복한 미래를 만들기 위해서, 도구를 사용하고 미래를 계획한다. 전적으로 자신의 삶에 책임을 지기 위해 도구를 발전시켰다. 그런 까닭에 인간을 도구적 존재(Homo Faber)라고 부른다. 인간은 도구를 사용하고 도구를 사용하는 한에서 인간이라는 뜻이다. 그런 점에서 인간과 도구는 떼려야 뗄 수 없는 관계다.

우리의 일상생활을 보더라도 그렇다. 항상 가지고 다니는 핸드폰, 이제는 없어서는 안 될 컴퓨터와 자동차, 심지어 밥 먹을 때 쓰는 젓가락과 숟가락도 도구다. 이러한 도구들은 우리의 삶을 편리하게 해준다. 그러나 문제는 편리하다는 것이 행복하다는 것과는 큰 관련이 없다는 데 있다. 새로운 도구가 발명되면 흔히들 행복하고 편안한 삶이 시작될 것이라고 생각한다. 핸드폰이 생기면 이전보다 더욱 편리해지는 것은 당연

할 것이고 인터넷이 생기면 더욱 편리해지는 것이 당연할 것이다. 그러나 그것이 전부가 아니다. 도구가 오히려 인간을 위협하고 인간을 지배하는 경우도 있기 때문이다.

서부의 여러 주들이 새로 일고 있는 변화에 격동하고 있는 것이다. 텍사스와 오클라호마, 캔자스와 아칸소, 뉴멕시코와 애리조나, 캘리포니아가 그렇다. 한 가족이 그들의 토지로부터 옮겨가고 있다. 아버지가 은행으로부터 돈을 빌렸다. 그런데 그 은행에서 이제 토지를 내놓으라는 것이다. 은행도 토지를 가지면 부동산 회사가 되지만, 그 회사는 자기들의 토지 위에 트랙터를 굴리고 싶지 소작인들을 두고 싶지가 않은 것이다. 트랙터라는 것은 나쁜 물건일까? 기다란 밭이랑을 파헤치는 기계의 힘은 무리한 것일까? 그 트랙터가 만약 우리들의 것이었다면 그것은 그렇게 고약한 물건이 아니었을 것이다.

나 혼자의 물건이 아니라 우리들의 것이었다면, 그리고 그 트랙터가 우리들의 긴 밭이랑을 파헤쳤다면 그것은 좋은 일이었을 것이다. 나 혼자만의 토지가 아닌 우리들의 토지라면 말이다. 이 토지가 우리들의 것이 됐다면 그때 우리는 토지를 사랑하게 되었을 것이며, 그렇듯이 토지를 가는 트랙터도 사랑하게 되었으리라.

트랙터는 생산수단이다. 즉 생산을 위한 도구다. 그러나 이 생산수단은 철저하게 농민들의 소유가 아니다. 따라서 트랙터와의 관계에서 농민은 끼어들 틈이 없다. 왜냐하면 트랙터는 소작농의 소유가 아니라 은행과 지주의 소유이기 때문이다. 따라서 트랙터는 그들의 힘과 논리에 의해서 작동된다. 즉 트랙터라는 생산수단이 아무리 큰 힘을 발휘하고 엄청난 효율성이 있다고 하더라도 그것이 누구의 소유이고 어떠한 관계에 놓여 있느냐에 따라 탱크가 될 수도 있고 땅을 가는 도구가 될 수도 있는 것이다. 그래서 중요한 것은 어떠한 생산수단이 새롭게 등장했는가가 아니라 그 생산수단을 누가 소유하고 있느냐 또는 그것이 어떠한 관계에 놓여 있느냐가 더 중요한 것이다. 생산수단의 사회적 역할은 이러한 관계에서 정해진다. 트랙터라는 생산수단이 등장하자 이전에 소작농들이 맺고 있던 땅과의 관계는 전혀 다른 방식으로 해체된다. 그리고 트랙터를 중심으로 다시 조직된다. 따라서 은행, 트랙터, 땅의 관계에서 볼 때 이윤창출에 도움이 되지 않는 소작농은 필요 없는 존재이며 동시에 사라져야 할 존재인 것이다.

3. 생존, 유일한 절망!

"오오라, 자네는 조 데이비스의 아들이 아닌가?"

"그래요." 운전사가 말했다.

"자네는 하필 왜 이런 일을 하고 있는가? 자네와 똑같은 사람들을 울려가면서 말일세."

"일당 3달러예요. 죽어라고 땅만 파도 밥도 제대로 못 얻어먹는 것엔 이제 진절머리가 났어요. 나도 처자식이 있어요. 우리도 먹어야지요. 일당 3달러예요. 그것도 매일 꼬박꼬박 받거든요."

"그렇겠군." 소작인이 말했다. "하지만 자네가 받는 3달러 때문에 한 20호나 되는 이 동네 농민들이 밥을 굶게 되지 않나? 약 백 명이나 되는 사람들이 자네의 그 3달러 때문에 길바닥에 나가서 헤매야 하니 그래도 괜찮은가?"

운전사가 대답했다. "거기까지 생각할 여유도 없습니다. 내 새끼를 생각하기도 바쁜 판이라구요. 하루에 3달러예요. 그것도 매일매일 제대로 들어와요. 세상이 달라졌어요. 모르세요? 이제는 몇 천 몇 만 에이커의 땅에 트랙터라도 굴리지 않으면, 농사 지어 가지고 먹고 산다는 건 도저히 불가능하지 않습니까? 여하튼 농사는 우리 같은 조무래기는 못 해먹겠어요. 당신도 포드 자동차 회사나 전화 회사 같은 것을 차릴 수 없으니까 호미 자루를 못 버리는 거 아녜요? 요즘 세상에 농사라는 것은 그런 거라구요. 아무리 농사를 지어봤자 별 볼일 없어요. 당신도 어서 아무 데나 가서 일당 3달러짜리 일을 찾아보세요. 그 수밖에 없을 거예요."

(중략)

"자네의 3달러 때문에 백 명이나 되는 우리 마을 사람들이 길바닥으로 쫓겨났다고. 우리는 어디로 가야 하나, 이 사람아."

"그 말을 들으니 생각이 나는군요." 운전사가 말했다. "당신도 빨리 나가는 게 좋을 거예요. 밥 먹고 나서 당신네 마당을 밀어붙여야 하거든요?"

(중략)

"이 사람아, 그 집은 바로 내 손으로 지은 집일세. 처마를 달려고 굽은 못을 펴고 서까래를 짐 꾸리는 철사로 얽어매 놓고 말일세. 그건 내 집이야. 내가 지은 거야. 자네가 그걸 쓰러뜨려 봐. 내가 창에서 총을 겨누고 있을 테니. 집 근처에 얼씬만 했다가는 토끼 사냥 하듯이 쏘아버릴 테니까."

"내가 그러는 게 아니라구요. 나도 어떻게 할 도리가 없어요. 내가 그 일을 안 하면 일자리에서 쫓겨나야 해요. 그리고 이거 보세요. 설사 당신이 나를 죽인다고 해도 당신은 잡혀서 교수형을 받을 거예요. 아니 그보다도, 당신이 교수형을 당하기 훨씬 전에 다른 놈이 또 트랙터를 몰고 찾아올 거예요. 그 놈이 당신 집을 무너뜨릴 거라구요. 그러니 아무 죄도 없는 놈을 공연히 죽이지는 마시오."

이러한 상황이 벌어지는 이유는 무엇 때문일까? 바로 각자가 저마다의 생존만을 위해 살기 때문이다. 소설에 등장하는 모든 사람들은 자신의 생존을 위해서 치열하게 살아간다. 트랙터 운전자는 가족을 위해서 다른 사람의 농장을 부수고, 소작농은 삶의 터전을 지키기 위해서 총을 겨누며, 은행은 파산하지 않기 위해서, 지주는 농장에서 최대한의 이익을 올리기 위해서 트랙터를 도입한다. 도회지 사람들과 서부 사람들은 자신의 일자리를 지키기 위해서 오키를 멸시한다. 이들은 모두 생존을 위해서 서로가 서로를 물고 있다.

생존이 유일한 가치라면 이들을 비판할 근거를 찾기 어렵다. 생존을 위해서 이들은 새로운 도구를 개발하고 새로운 제품을 만들며 그것을 이용해서 타인을 짓밟고 자연을 짓밟는다. 이러한 생존이 허용된다면 그 어떤 누구도 자신의 생존을 위해서 타인을 죽일 수 있다. 그러나 죽임에 처한 사람이라면, 자신의 생존을 위협받고 있는 사람이라면 그는 과연 누구에게 총을 쏘아야 하는가? 집을 부수라고 명령을 내리는 인간도, 트랙터를 모는 인간도, 그들에게 총을 쏘려는 소작농도 모두 현실을 살아가는 인간들이다. 자신의 삶을 옭아매는 족쇄가 조금씩 다가오는데, 나를 죽이는 칼날이 내 목에 들어와 있는데, 도대체 나를 죽이는 놈이 누구인지 알지 못한다. 고통과 분노는 있는데 그 원인은 파악하기 힘들고 문제는 있는데 해결하기는 더 힘들다. 도대체 어디서부터 문제를 풀어야 할까? 과연 누구에게 총을 들이밀어야 할까?

인간은 자신의 생존을 위해 도구를 사용한다. 그래서 그들은 새로운 품종을 개발해서 단위면적당 수확량을 늘리고 트랙터로 농장을 다 밀어 버리고 기계로 농장을 경작하고 반듯반듯한 농장을 만들면서 효율성을 극대화시킨다. 그 결과 노동자는 몇 명 쓰지 않아도 대규모로 경작할 수 있으며 생산의 효율성은 상상할 수 없을 정도로 좋아진다. 그러나 문제는 그것이 전부가 아니다. 수확량이 늘면 늘수록 값은 싸지고 수입은 오히려 줄어들게 된다. 모순은 여기에 있다. 더 잘하기 위해서 노력한 것이 오히려 더 삶을 힘들게 만든다.

문제는 그것만이 아니다. 대규모 경작을 하는 순간, 돈이 없다면 생존자체가 불가능해진다. 모든 것을 사서 먹어야 하는 것이다. 사방 몇 킬로를 가도 목화밭에는 목화만 있고 복숭아를 심은 곳에는 복숭아만 있다. 그렇다고 놀리는 땅을 자기 마음대로 경작할 수 있는 것도 아니다. 자기 마음대로 경작했다가는 보안관이 와서 총을 겨눈다. 즉 효율성이 극대화된 곳에서 인간은 효율성을 실현하는 도구로 전락하는 것이다. 도구에 의해서 결국 인간은 소외되는 것이다. 그런데 문제는 이러한 모순을 해결하는 방법이다. 우리는 이러한 모순을 해결하기 위해 수확량을 줄이는 것이 아니라 이 모순을 해결할 또다른 도구를 찾는다.

다른 농장보다 더 많이 생산하기 위해 새로운 품종을 개발하는 것은 물론이고, 과잉공급된 상품을 버리지 않고 보관해서 더 비싸게 팔려고 통조림이라는 새로운 방법을 개발하는 것이다. 물론 사람들은 이것을 발전이라는 그럴 듯한 이름을 붙여서 시간이 지나도 음식을 썩지 않게 만들어준다고 이야기할 것이다. 그러나 그 결과 여전히 인간은 소외된다.

현대 사회도 마찬가지다. 새로운 물건이 등장하고 새로운 도구가 발명되면 모든 것이 해결될 것처럼 이야기한다. 핸드폰이 등장하고 화상전화가 상용화되면 소통의 문제가 없어질 것처럼 이야기하고, 인터넷이 발전하면 언제나 지식과 정보가 우리를 행복하게 만들어줄 것처럼 이야기한다. 인간이 어떻게 되건 말건 효율적이라면, 이익을 발생시킨다면 우리는 아무런 거리낌 없이 이익을 위해 타인을 해친다. 조금만 더 생각해 보자. 사실 모든 도구가 인간을 소외시키는 것은 아니다. 인간이 감당할 수 없을 정도로 도구가 고도화되고, 그 도구가 정작 자신이 맺고 있는 관계가 아니라 타인이 맺어놓은 관계로 들어갈 때 인간의 도구의 노예가 되는 것이다.

4. 새로운 관계 맺기

그러나 문제는 간단하지 않다. 어느 누구도 자기 스스로 맺은 관계만 맺고는 살 수 없기 때문이다. 오늘날 현대인은 제도가 맺고 있는 관계에 들어가지 않으면 더 이상 생존할 수 없다. 어떤 인간도 자기 스스로 제도를 선택하지 않는다. 태어나보니 집이었고, 대한민국이라는 조그만 나라였고, 민주주의, 자본주의, 자유주의 등을 이념으로 하는 국가였던 것이다. 우리는 이미 태어나기 전부터 제도와 시스템이라는 눈에 보이지 않는 도구 속에 놓여 있는 것이다.

제도는 인간의 편리를 위해 서로의 관계를 규정하고 규율하려고 만든 도구다. 그런 점에서 트랙터와 마찬가지로 제도도 어느 날 갑자기 하늘에서 떨어지는 것은 아니다. 일정한 목적과 방향을 가지고 있으며 그러한 맥락에서만 제도 또한 의미를 지닌다. 따라서 그것이 땅을 가는 도구인지 내 집을 부수는 탱크인지 파악해야만 한다. 그래서 막연히 새로운 도구가 발명되면 무조건 좋아진다고 생각해야 할 것이 아니다. 시계의 발명이 어떻게 인간의 삶을 바꾸었고, 젖병의 발명이 어떻게 여성의 삶을 바꾸었고, 기차, 자동차, 새로운 법과 제도가 어떻게 인간의 삶을 바꾸었는지 구체적으로 물어야 한다. 이 모든 발명들은 인간을 보다 편하고 안락하게 만들어줄 것처럼 보인다. 그러나 소설에서 언급했듯이 그러한 의도가 오히려 인간을 힘들게 할 수도 있다. 시계의 발명으로 자신의 내적 시간이 중요해진 것이 아니라, 시계가 가리키는 시간에 맞추어 자기의 몸을 움직여야 한다. 내가 주체가 아니라 시계가 주체이고, 시계에 맞추어 내가 움직여야 하는 것이다. 젖병의 발명으로 엄마가 자유로워진 것이 아니라 그 시간에 엄마는 노동을 해야 하는 것이다. 법과 제도의 설립으로 우리는 의무적으로 그 법과 제도에 맞추어 살아야 하는 것이다.

따라서 철저하게 도구가 도대체 무엇과 관계 맺고 있는지 물어야 한다. 우리가 총을 쏘아야 할 대상은 바로 생존을 위협하고 인간성을 말살하는 그러한 관계다. 그렇다면 그러한 관계는 무엇인가? 바로 이윤을 추구하는 관계다. 소설에서 모든 사람들은 자신의 생존을 위해, 자신의 이익을 위해 살고 있다. 그들의 모든 관계에서 핵심은 이윤추구다. 그들은 이익을 위해서 서로가 물고 물리는 관계에 놓이는 것이다. 설령 그것이 부도덕하고 비도덕적이라고 하더라도 법에 저촉되지 않는 한 전혀 문제가 되지 않는다. 또한 먹고 사는 문제이기 때문에 대부분은 눈앞에 벌어지는 부조리를 눈감아 버리고 만다. 정부나 기업 또한 마찬가지이다. 이윤을 추구하는 것이 법에 저촉되지 않는 한 전혀 문제 삼지 않고, 오히려 거대 자본을 만들어 효율성을 극대화하는 것이 당연하다고 생각한다. 그것이 세계화 시대의 유일한 가치이고, 그렇게 살아가는 것이 올바른 길이라고 생각한다.

그러나 이 세상에는 돈, 효율성, 이익을 중심으로 하는 관계만 있는 것은 아니다. 사랑과 우정, 희생과 봉사 등, 자신의 이익은 조금 손해 보더라도 사랑이나 우정을 더욱 중요시하는 사람들이 사실 도처에 널려 있으며 이들로 인해 우리 사회는 풍성할 수 있는 것이다. 쉽게 여러분의 부모님을 한 번 생각해 보자. 부모들이 돈을 중시했다면 과연 여러분이 태어났을까? 부모님이 효율성을 중요시했다면 과연 여러분이 태어났을까? 전혀 아니다. 그 어떠한 부모도 자신의 경제적 이익 때문에 아이를 낳지는 않는다.

소설 속 어머니도 마찬가지다. 조드의 어머니는 삶의 길에서 좌절하지 않는다. 삶이 어렵다고 하더라도 인간의 가치를 저버리려고 하지 않는다. 그녀는 먹을 것이 없어도 집을 방문한 사람에게 먹을 것을 내주며 소신을 가지고 일을 처리한다. 그녀는 길 가는 사람을 태워주고 음식, 잠자리를 제공해 주는 것은 인간이면 누구나 해야 할 일이라고 생각한다. 그녀는 가족이 조금 손해를 보더라도 인간을 인간으로서 대한다. 그녀뿐만 아니다. 피난 도중에 만난 수많은 이주민들은 서로가 서로를 돕는다. 유랑 도중 아이가 태어나거나 사망한 사람이 있으면 천막 앞에 몰래 돈을 갖다놓는다. 이주민들은 자신의 이익을 위해서가 아니라 공동체의 이익을 위해 산다. 공동체의 이익을 위할 때 진정 그 이익이 자기에게 다시 되돌아옴을 안다. 그리고 설령 다시 되돌아오지 않더라도 인간을 인간으로서 대한다는 것이 정말 소중한 가치임을 그들은 안다.

차를 전혀 수리하지 못하는 피난민과, 차를 수리하고 운전할 수 있는 톰과 앨, 그들은 짐을 나누고 차를 수리해서 피난의 대열에 함께 간다. 타인을 돕는 것은 그래서 자신을 돕는 것이다. 그러나 현대인은 직접적 보상을 얻지 못하면 손해라고 생각한다. 자신의 시간과 노력을 투자해서 뭔가 얻어내지 못하면 그것은 손해라고 생각한다. 그러나 인간관계는 언제나 이익의 관계로 맺어지는 것이 아니다.

처음으로 그들이 '우리'라고 불렀을 때 거기에서는 더욱 무서운 것이 싹트는 것이다. '나는 먹을 것이 조금 있소'와 '나는 아무것도 먹을 것이 없소'인 것이다. 만약 이것이 발전하여 '그렇다면 우리는 먹을 것이 조금 있구려'로 된다면 일은 제대로 되어가게 마련이고, 그들의 움직임은 방향을 잡게 된다. 그들의 말이 조금만 더 팽창하면 바로 '이 땅과 이 트랙터는 우리들의 것이다'로 발돋움하는 것이다.

시냇가에 쭈그리고 있는 두 남자, 조그맣게 피어오르고 있는 불, 같은 냄비에 굽고 있는 저녁거리 고기 스튜, 묵묵히 차가운 시선을 돌리고 있는 아낙네들, 그리고 그들 뒤에서 알아듣지도 못하는 어른들의 말을 눈치로라도 알아들으려고 귀를 기울이고 있는 어린애들! 밤이 이슥해진다. 갓난아이가 감기에 걸렸다. "자, 담요를 갖다 쓰세요. 털 담요인데 그건 우리 어머니가 쓰시던 거요. 갖다가 어린애를 덮어주시오." 이거야말로 당장에 요절을 내야 할 일이다. 이것이 바로 '나'로부터 '우리'로 옮아가는 시초인 것이다.

사람으로서 가져야 할 것을 소유하고 있는 당신들이 만일 이것을 이해할 수 있다면 당신들은 자신들을 보존할 수가 있을 것이다. 당신들이 원인과 결과를 혼동하지 않는다면, 그래서 당신들이 페인*이나 제퍼슨 같은 사람들이 하나의 결과이지 원인이 아니라는 것을 알 수 있다면, 당신들은 살아남을 수 있을 것이다. 그러나 그것을 당신들은 알 수가 없는 것이다. 왜냐하면, 물건을 소유하는 당신들의 속성이 당신들로 하여금 영원히 '나'로 굳어지게 만들기 때문이며 당신들 자신을 우리로부터 영원히 절연시켜 버리기 때문이다.

오히려 나눔으로써 인간은 행복할 수 있다. 절대적인 나,

---

* **토마스 페인**(Thomas Paine, 1737-1809) 영국태생의 미국 작가 · 혁명이론가.

유일한 내가 아니라 우리의 관계 속에 인간다움이 있고 그 속에서 내가 존재하는 것이다. 그러나 현대인은 미친 듯이 자신만을 드러내려 한다. 그러기 위해서 미친 듯이 소비하고, 미친 듯이 소유한다. 그것이 나를 만드는 유일한 길이라고 생각하고, 나를 드러내는 유일한 방식이라고 생각한다. 새로 나온 휴대폰을 소유하는 순간, 나는 다른 친구들과 달라지고, 명품 신발과 옷을 입는 순간, 나는 타인과 구별된다. 그렇게 만들어진 나는 언제나 불안하다. 언제나 신상품이 나오기 때문이다. 유행은 변하게 마련이기 때문이다. 그래서 나 또한 유행 따라 소비 패턴을 변화시킨다. 그래서 끊임없이 소비의 노예가 되고 유행의 노예가 된다. 자기를 드러내는 듯하지만 어느 순간 유행과 상품에 노예가 되어 버린 자기 자신을 발견하게 된다. 그것은 일종의 가면이다. 나를 그럴싸하게 해주는 가면이다. 어느 날 그 가면이 벗겨지는 순간, 그는 자기의 본 모습을 제대로 보지 못한다. 자신의 진짜 모습을 당당히 볼 수 없는 것이다. 그래서 가면을 쓰고 있는 나의 모습은 나인 듯하지만 절대 내가 아니다.

현대인은 상품으로서의 가치 이외에 다른 가치를 떠올리지 못한다. 그래서 현대인은 자신의 모습을 무한경쟁에서 승리하는, 시장에서 제값을 받을 수 있는 자신의 모습을 상상한다. 그것이 진정한 나라고 철석같이 믿고 있다. 그러나 나를 그렇게 판단하는 순간, 자신이 설정한 관계가 아니라 자본이 설정한 관계 속에 들어가 버린다.

5. 분노의 포도!

이제 앞에서 언급했던 〈분노의 포도〉를 다시 읽어 보자. 이주민들은 배가 고파 강물에 버린 감자를 건지려 하지만 망을 보는 사람에게 제지당하고, 오렌지를 주우려 하지만 석유가 뿌려져 있고 돼지 먹따는 소리는 들리지만 땅속에 묻히고 겹겹이 석회가 발라져 버린다. 이러한 상황에서 도대체 '우리'는 어디에 있는가? 감자, 오렌지, 돼지. 가격을 위해 모든 것들을 버리지만 정작 배고픈 사람들에게 주지는 않는다. 여기에 '우리'가 어디에 있는가? 오로지 자신의 이익, 자신의 생존만 생각하고 있다. 지주들도, 은행들도 안다. 그들에게 먹을 것을 나눠준다고 해도 큰 손해가 없다는 것을. 그러나 나누어주는 순간, 배고픈 사람들이 배를 채우는 순간, 그들이 변하리라는 것도 안다. 그들이 이전처럼 고분고분 말을 안 들으리라는 것도 안다.

법으로 어떻게 해결할 수 없는 범죄가 여기에 있는 것이다. 법적으로 전혀 문제가 되지 않지만 실제로는 죄가 되는 것이 여기에 있다. 한 쪽에는 먹을 것이 남아돌고, 한 쪽에는 굶어 죽는 삶의 모습이 바로 오늘날 현실이다. 대형 마트에 가득 쌓인 물건들은 우리에게 이야기하고 있다. 자 보아라. 여기에 수많은 물건들이 있다. 너 돈 있냐? 넌 이것을 살 능력이 있느냐? 돈이 있다면 가져가라, 없다면 저리 썩 꺼져라. 대형 마트가 보여주는 것은 풍요가 아니라 인간성의 말살이다. 그 속에서 인간은 소외될 수밖에 없다. 그리고 오늘날 모든 인간들은 그 소외에서 벗어나기 위해 미친 듯이 일을 한다. 아무리 울어보아도 다 나타낼 수 없는 슬픔은 다른 것이 아니다. 수많은 물건에 쌓여 있지만 정작 내 것은 하나도 없다는 사실이 오늘날 현대인의 슬픔이다. 우리 인간들의 모든 성공을 거꾸러뜨리는 실패는 다른 것이 아니다. 현기증이 날 정도로 풍요로운 이 세상에 정작 풍요로운 인간은 없다는 것이 바로 우리 인간이 하고 있는 성공이자 실패인 것이다.

　남아도는 것을 타인에게 줄 수 없다면, 자기에게 필요도 없으면서 꼭 가지고 있어야 하고 자본을 만들어 이익을 창출하려고 한다면, 그것이 오늘날 생존을 위해 필수적인 것이라면 그러한 세상은 결코 오래갈 수 없다. 자본주의라는 도구는 이 세상 모든 것을 자본화하려고 노력한다. 자본주의는 세상 모든 것이 자본과 관계 맺기를 원한다. 그렇게 미친 듯이 노력해서 수많은 것들을 자본화시켜 왔고 끊임없이 자본의 대상으로 모든 것을 전락시켜 왔다. 그럼에도 불구하고 자본주의가 하지 못하는 것은 분명히 남아 있다. 우리는 자본이 하지 못하는 것을 발견해내고 자본이 만들어내지 못하는 가치를 삶에서 실천해야 한다. 우리에게 필요한 것은 그것이다. 모든 것을 이윤 창출과 이익의 관점에서만 볼 필요는 없다는 것! 다른 가치가 있을 수 있고 그것이 우리를 더 풍요롭게 할 수 있다는 것을 이해하고 받아들일 필요가 있다.

　아이를 사산한 섀런의 장미, 굶주려 빵조차 삼킬 수 없는 죽어가는 남자, 아이는 사산되었지만 남아 있는 사람은 살기 위해서라도 그녀의 젖을 먹어야 한다. 그것이 삶이다. 아픈 사람을 치유하는 것이 우리가 해야 할 일이다. 그것이 인간이다. 나와 너의 관계에서 우리의 관계를 떠올릴 때, '우리가 먹을 것이 있다'라고 생각하는 바로 그때가 희망의 순간이다. '네 것이 아니야'라고 하는 순간, 우리는 없다. 그러나 세상 모든 것은 우리 것이다. 그래서 즐기고 향유하고 책임지는 것이 필요하다. 그러나 오늘날 이 세상 어느 누구도 대형 마트의 상품을 보고 분노하지 않는다. 바로 그것이 1930년대 미국과 오늘날의 우리 사회의 차이다. 오늘날 우리는 〈분노의 포도〉를 보고 더 이상 분노하지 않는다. 그것이 우리의 문제다.

〔98대입〕 서울대 논술고사

(가)

　　과일 썩는 냄새가 방방곡곡에 퍼지면 그 달콤한 썩는 냄새는 온 땅 위에 하나의 슬픔을 깔아 버린다. 접목도 할 줄 알고 씨앗을 기름지게 해서 살찌게 할 줄도 아는 사람들이, 그들의 작물을 가지고 배고픈 사람들을 배불리 먹여줄 수는 없는 것이다. 이 세상에 과일을 개량해낸 사람도 그들의 과일을 사람들이 먹을 수 있도록 하는 체계를 만들지 못하는 것이다. 이 커다란 실패는 마치 커다란 슬픔처럼 되어 온 나라에 뒤덮여 오는 것이다.

　　과일의 제값을 유지하기 위해서는 포도 덩굴의 뿌리가, 나무의 뿌리가 모두 파헤쳐져야 한다. 이거야말로 무엇보다도 뼈아픈 일이 아닐 수 없다. 트럭에 가득 실은 오렌지가 땅바닥에 마구 내동댕이쳐진다. 과일을 얻으려고 몇 마일씩이나 걸어온 사람들도 이것은 가져갈 수가 없다. 차만 조금 타고 나가면 얼마든지 딸 수 있는 것을 무엇 때문에 여남은 개에 20센트씩 주고 사가겠는가? 고무호스를 들고 있는 사람이 오렌지더미 위에다 석유를 뿌려댄다. 그는 사람들의 죄악에 분개하고 있는 것이다. 그 과일을 얻으러 온 사람들에게 분풀이를 하고 있는 것이다. 그 과일을 못 먹어서 굶주리고 있는 사람이 수백만 명이나 되는 판에 그 황금빛 산더미 위에 마구 석유를 뿌려대는 것이다. 과일 썩는 냄새가 온 천지를 진동한다. 기선의 연료로 커피를 땐다. 곡식을 태워서 난방을 해도 좋다. 곡식은 잘 타고 불기가 좋은 것이다. 강물 속에다 감자를 쓸어넣고 굶주린 사람들이 그걸 건져 가지 못하도록 강둑 양쪽에 감시원을 배치하라. 돼지를 잡아서 그대로 땅속에 묻어라. 고기 썩은 것이 땅속에 그대로 스며들게 해야 한다.

법으로는 어떻게도 적발해낼 수 없는 범죄가 바로 여기에 있는 것이다. 아무리 울어 보아도 다 나타낼 수 없는 슬픔이 바로 여기에 있는 것이다. 우리 인간들이 모든 성공을 거꾸러뜨리는 실패가 바로 여기에 있는 것이다. 땅이 기름지고 나무들이 줄을 지어 똑바로 서 있고 든든한 나무 둥우리 위에 백 가지 열매가 무성하게 여물어도, 펠라그라(비타민B2 결핍으로 일어나는 피부병)로 죽어가는 어린애는 오렌지의 소득이 없다고 해서 그대로 죽어가야 하는 것이다. 그러면 검시관들은 사망증명서를 떼어야 한다, 영양실조라고. 왜냐하면, 음식은 썩어 문드러져야 하고 썩도록 강요되어야 하기 때문이다.

강물 속에서 감자를 건지려는 사람들이 어망을 들고 나온다. 망을 보는 사람이 그들을 제지한다. 배고픈 사람들은 덜거

덕거리는 차를 타고 와서 버린 오렌지를 주우려 하지만 석유가 뿌려져 있는 것이다. 그들은 묵묵히 서서 물에 떠내려가는 감자를 지켜보고 도랑가에서 잡고 있는 돼지 멱따는 소리에 귀를 기울여 보지만, 그것은 곧 땅속에 파묻혀서 그 위에 석회가 겹겹이 발라진다. 산더미처럼 쌓인 오렌지가 썩어 물이 질컥질컥 흐르는 것을 뻔히 쳐다보고 있다. 사람들의 눈에는 낭패의 빛이 떠오르고 굶주린 사람들의 눈에는 분노가 서린다. 사람들의 눈에는 분노의 포도가, 포도송이처럼 주렁주렁 매달린 분노가 충만하고 그 포도 수확기를 위하여 알알이 더욱 무겁게 영글어 가는 것이다.

(나)

"내가 그러는 게 아니라구요. 나도 어떻게 할 도리가 없어요. 내가 그 일을 안 하면 일자리에서 쫓겨나야 해요. 그리고 이거 보세요. 설사 당신이 나를 죽인다고 해도 당신은 잡혀서 교수형을 받을 거예요. 아니 그보다도, 당신이 교수형을 당하기 훨씬 전에 다른 놈이 또 트랙터를 몰고 찾아올 거예요. 그놈이 당신 집을 무너뜨릴 거라구요. 그러니 아무 죄도 없는 놈을 공연히 죽이지는 마시오."

"그건 그렇겠네." 소작인이 말했다. "그런데 누가 자네한테 명령을 내렸나? 나는 그놈을 찾아가야겠어. 그놈이야말로 죽일 놈이야."

"그것도 당신 생각이 틀렸어요. 그 사람은 은행으로부터 또 명령을 받았거든요. 은행에서 그 사람한테 하는 말이 '그 사람들을 철수시켜라, 그렇지 못하면 은행을 그만두어라' 그런 식이라구요."

"그래, 은행에는 은행 총재가 있을 것이고 또 이사진이 있을 거야. 총에다 탄환을 재어가지고 내가 한번 은행으로 가봐야겠네."

운전사가 말했다. "어떤 사람이 그러는데 은행은 또 은행대로 동부에서 명령을 받는답니다. 명령이란 '토지에서 이익을 올려라. 그렇지 않으면 은행을 폐쇄하겠다'라는 으름장인 모양이에요."

"그런 식으로 가다가는 한이 없으라고? 그럼 어느 놈을 쏘아야 한단 말인가? 나는 나를 굶어죽게 하는 놈을 쏘아 죽이기 전에 내가 먼저 굶어죽고 싶지는 않네!"

"난들 어떻게 압니까? 결국 쏘아죽일 놈이 없을지도 모르지요. 결국 쏘아죽일 놈은 사람이 아닐지도 모르구요. 아마 당신 말대로 이런 짓을 하고 있는 놈은 물건이나 재산일 거예요. 여하튼 나는 당신한테 내가 받은 명령을 전달했어요."

"나도 좀 생각해 보아야겠네." 소작인이 말했다. "우리 모두가 다 생각을 좀 해보아야겠단 말이야. 어떻게든지 못하게 할 방법을 찾아야지. 이건 천둥이나 지진 같은 천재지변도 아닐 테고 다 우리 사람들이 만들어낸 일이니까…. 그러니까 반

드시 우리가 손을 쓰면 가능한 방법이 있을 거란 말이야." 소작인은 자기 집 문간에 앉았고 운전사는 엔진소리를 내면서 기계를 몰고 가버렸다.

(다)

"내가 일하던 무척 큰 복숭아 과수원이 있었소. 일 년 내내 아홉 사람의 인부가 꼭 붙어 있어야 할 정도요." 그는 자기의 말에 힘을 주듯 말을 멈추었다. "그 복숭아가 다 익었을 때에는 그 한 두어 주일 동안 3천 명이 필요하지요. 그렇게 사람을 써야지 그렇지 않으면 그 복숭아가 다 썩어 버린다오. 그러면 그놈들이 어떤 수작을 하는지 아시오? 사방에다 당신이 말한 거와 같이 그 쪽지를 뿌리지요. 그러면 3천 명이 필요한데 6천 명이 몰려들지요. 품삯은 얼마든지 깎아서 주고 싶은 대로 줄 수 있지요. 그 품삯을 받기 싫으면 좋다는 거요. 얼마든지 그거라도 받고 일할 사람이 있으니까. 그래서 할 수 없이 그거라도 감수하고 받지요. 그러다 보면 그 일이 다 되는 거요. 한 고장이 온통 복숭아 천지요. 몽땅 한꺼번에 익어버리지요. 당신이 그걸 따고 있는 동안 그 많던 복숭아가 한꺼번에 다 없어져 버리지요. 하도 많은 사람들이 한꺼번에 대들어서 일을 하니까 그렇게 한 차례 치르고 나면 그 고장 일대에서는 할일이 없어져 버리는 거요. 주인 녀석은 더 이상 당신이 필요 없다 이거지요. 3천 명이 몽땅 떨려나는 거요. 일이 끝났으니까.

그러면 사람들은 도둑질도 하고 술도 퍼마시고 난장판을 벌이기가 일쑤지요. 거기에다 당신 꼴은 또 말이 아니고, 다 낡은 천막이나 움막 속에서 사는 신세밖에 안 되지요. 땅은 참 아름다운 땅인데 그만 냄새가 나서 지긋지긋해지는 거요. 아무 데엘 가도 환영하는 곳이 없어요. 아무 데를 가도 발길로 걷어채고 떠밀리고, 바로 그게 이 세상이오."

"여기서 서쪽으로 가면 3만 에이커의 농장이 있다오. 정말 거기 가면 있다니까! 제기랄, 그런 땅이 한 다섯 에이커만 있으면 거기에다 무얼 갈까? 먹을 만한 것은 하나도 빼지 않고 다 갈아먹을 거야."

"그런데 거기에는 말이야, 야채도 없고 닭도 없고 돼지도 없더라구. 단지 한 가지만 심었다오. 목화 말이오. 아니면 복숭아나 상추 같은 것뿐이오. 그런데 또 한 군데에 가보면 온통 닭밖에 없거든. 문간 앞 마차에다 심어도 될 만한 것까지 몽땅 사서 먹는다 이 말씀이야."

(라)

서부의 여러 주들이 새로 일고 있는 변화에 격동하고 있는 것이다. 텍사스와 오클라호마, 캔자스와 아칸소, 뉴멕시코와 애리조나, 캘리포니아가 그렇다. 한 가족이 그들의 토지로부터 옮겨가고 있다. 아버지가 은행으로부터 돈을 빌었다. 그런데 그 은행에서 이제 토지를 내놓으라는 것이다. 은행도 토지를 가지면 부동산 회사가 되지만, 그 회사는 자기들의 토지 위에 트랙터를 굴리고 싶지 소작인들을 두고 싶지가 않은 것이다. 트랙터라는 것은 나쁜 물건일까? 기다란 밭이랑을 파헤치는 기계의 힘은 무리한 것일까? 그 트랙터가 만약 우리들의 것이었다면 그것은 그렇게 고약한 물건이 아니었을 것이다.

　　나 혼자의 물건이 아니라 우리들의 것이었다면, 그리고 그 트랙터가 우리들의 긴 밭이랑을 파헤쳤다면 그것은 좋은 일이었을 것이다. 나 혼자만의 토지가 아닌 우리들의 토지라면 말이다. 이 토지가 우리들의 것이 됐다면 그때 우리는 토지를 사랑하게 되었을 것이며, 그렇듯이 토지를 가는 트랙터도 사랑하게 되었으리라. 그러나 그 트랙터는 두 가지의 일을 하고 있는 것이다. 즉, 땅을 파헤치기도 하고, 우리들을 땅으로부터 추방하기도 하는 것이다. 이 트랙터는 탱크와 다른 점이 전혀 없었다. 트랙터나 탱크나 다 같이 사람을 추방하고 협박하고 상처를 입히기 때문이다. 우리는 그것을 생각지 않으면 안 되는 것이다.

〈문제1〉 제시문 (나), (라)에서 트랙터가 의미하는 것을 쓰시오.

〈문제2〉 제시문 (가), (나)의 밑줄 친 부분이 무엇을 의미하는지 자신의 견해를 쓰시오.

〈문제3〉 제시문을 바탕으로 현대사회에서 도구가 지닌 의미를 구체적 사례를 들어 서술하시오.

다락원 논술노트 007

분노의 포도

펴낸이 정효섭
펴낸곳 (주)다락원

초판 1쇄 인쇄 2006년 11월 10일
초판 1쇄 발행 2006년 11월 15일

책임편집 안창열, 김지영
디자인 손혜정, 박은진
번역 장계성
삽화 손창복

다락원 경기도 파주시 교하읍 문발리 509-1
Tel:(02)736-2031 Fax:(02)732-2037
(내용문의: 내선 520/구입문의: 내선 113~114)
출판등록 1977년 9월 16일 제300-1977-23호

Copyright ⓒ 2006, 다락원

출판사의 허락 없이 이 책의 일부 또는 전부를
무단 복제·전재·발췌할 수 없습니다.
잘못된 책은 바꿔 드립니다.

값 8,500원

ISBN   89-5995-122-6 13740
         978-89-5995-122-2 13740

패턴 따라 쉽게 쓰는 틴틴 영어일기 1, 2

❶ 일상생활 패턴정복
❷ 학교생활 패턴정복

중학교에 다니는 여학생과 남학생이 각각 일상생활과 학교생활을 중심으로 1년간의 일을 쉽고 재미있게 쓴 영어일기. 중학생이라면 누구나 한번쯤 겪어봤을 만한 일들을 바탕으로 한 다양한 일기 소재와 어휘가 제공되어 있기 때문에, 영어일기를 통해 영작을 연습하려는 학습자에게 큰 도움이 될 수 있는 교재이다. 중·고생뿐만 아니라, 중학 영어를 미리 예습하려는 예비 중학생들에게도 아주 효과적인 영어 학습서로 강추!

□ 정미선 지음 / 4·6배 변형 / 192면
□ 정가 10,000원 (오디오 CD 1개 포함)

Teen Teen Diary (전3권)

❶ 매일 10단어로 뚝딱 중학생 영어일기

중1 수준의 어휘와 문장으로, 영어일기와 일상회화에 대한 감각을 익힌다.

□ 정미선 지음 / 신국판 / 144면
□ 정가 7,500원 (테이프 1개 포함)

❷ 매일 5문장으로 술술 중학생 영어일기

중2 수준의 어휘와 문장으로, 영어일기에 친숙해지고 자신감을 쌓는다.

□ 정미선 지음 / 신국판 / 152면
□ 정가 7,500원 (테이프 1개 포함)

❸ 매일 내맘대로 쓱싹 중학생 영어일기

중3 수준의 어휘와 문장으로, 중학영어를 마스터하고 미국의 일상회화에 익숙해진다.

□ 정미선 지음 / 신국판 / 144면
□ 정가 7,500원 (테이프 1개 포함)

지니의 미국생활 영어일기 Hello! America (전2권)

❶ 가을학기 ❷ 봄학기

어느 한국 여학생의 미국생활 이야기를 일기 형식으로 담은 책. 1권은 '가을학기', 2권은 '봄학기'편으로, 총 1년간의 미국 학교생활 및 일상생활에 관한 흥미로운 이야기들이 담겨 있다. 미국 학생들의 실생활을 바탕으로 한 탄탄한 스토리로 살아 있는 현지 영어와 미국문화를 체험할 수 있을 뿐만 아니라, 영어 독해 및 영작 연습을 할 수 있는 아주 유용한 교재이다.

□ 이지현 지음 / 국배판 변형 / 152면
□ 정가 8,500원

영어 독해력 증강 프로그램
행복한 명작 읽기

〈행복한 명작 읽기〉는 기초가 약한 영어 초급자나 초, 중, 고 학생들이 보다 즐겁고 효과적으로 명작들을 읽으며 독해력을 키울 수 있도록 개발된 **독해력 증강 프로그램**입니다.

책의 특징

1 골라 읽는 재미가 있다. 초보자를 위한 350단어 수준에서 중고급자를 위한 1,000단어 수준까지 5단계 구성.
2 단계별로 효과적인 영어 읽기 요령과 영문 고유의 참맛을 느낄 수 있는 장치가 곳곳에.
3 읽기만 해도 영어의 키가 쑥쑥 - 해석을 돕는 돼지꼬리(↜), 영어표현 및 문법 설명, 퀴즈가 왕창.
4 체계적인 듣기 학습까지. 전문 미국 성우들의 생동감 넘치는 원음을 담은 오디오 CD 제공.

❈ 왕초보 기초다지기 ❈

쉬운 영문을 통해 영어 독해에 대한 막연한 두려움을 없앤다.

Grade 1 Beginner 350 words

1 미녀와 야수
2 인어공주
3 크리스마스 이야기
4 성냥팔이 소녀 외
5 성경 이야기 1
6 신데렐라
7 정글북
8 하이디
9 아라비안 나이트
10 톰 아저씨의 오두막

Grade 2 Elementary 450 words

11 이솝 이야기
12 큰 바위 얼굴
13 빨간머리 앤
14 플랜더스의 개
15 키다리 아저씨
16 성경 이야기 2
17 피터팬
18 행복한 왕자 외
19 몽테크리스토 백작
20 별 | 마지막 수업

국판 | Grade 1, 2, 3 각권 6,000원
(오디오 CD 1개 포함)

Grade 4, 5 각권 7,000원
(오디오 CD 1개포함)

*어린왕자 8,000원
(오디오 CD 2개 포함)

**고도를 기다리며 9,000원
(오디오 CD 2개 포함)

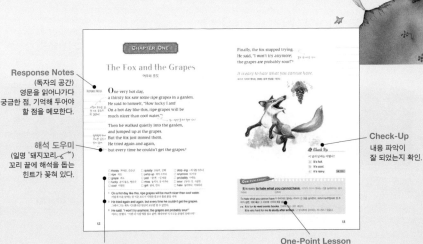

Response Notes
(독자의 공간)
영문을 읽어나가다가
궁금한 점, 기억해 두어야
할 점을 메모한다.

해석 도우미
(일명 '돼지꼬리')
꼬리 끝에 해석을 돕는
힌트가 꽂혀 있다.

Check-Up
내용 파악이
잘 되었는지 확인.

One-Point Lesson
주요 문법사항이나 표현에
대한 심층 분석 코너.

주요 어휘 및 문장 해석

✚ 실력 굳히기 ✚

실력에 맞게 효과적으로 끊어 읽으며 직독직해 훈련을 한다.

⭐ 영어의 맛
제대로 느끼기

영문판 원서 도전을 위한
전 단계의 준비과정이다.

콕콕 찍어 들려주는 **명작 리스닝** 시리즈 [전20권]

세계 명작소설을 쉽게 고쳐 쓴 중·고생용 학습 교재. 독해와 함께 청취력 향상을 위해 전 내용을 녹음하고, 매 페이지에 리스닝 포인트를 두어 한국인이 듣기 어려운 부분은 또박또박한 발음으로 반복해 들려준다. 권말에는 영어듣기 테스트를 수록해, 입시에서 점점 비중이 높아지는 듣기시험에 대비하도록 했다.

□ 각 권 4·6판 / 140면 내외
□ 정가: 각 권 5,800원 (테이프 2개 포함)

① 이상한 나라의 앨리스 / 백설공주와 일곱 난쟁이
Alice's Adventures in Wonderland /
Snow White and the Seven Dwarfs

② 이솝 우화
Aesop Fables

③ 그림 동화집 / 잭과 콩나무
Grimms Fairy Tales / Jack and the Beanstalk

④ 재미있는 이야기 / 미녀와 야수
Famous Stories / Beauty and the Beast

⑤ 알라딘과 요술램프 / 이른 아침의 살인
Aladdin and the Magic Lamp / Dead in the Morning

⑥ 오즈의 마법사 / 흑마 이야기
The Wonderful Wizard of Oz / Black Beauty

⑦ 걸리버 여행기 / 쉽게 번 돈
Gulliver's Travels / Fast Money

⑧ 거울 속의 앨리스 / 정원
Through the Looking Glass / The Garden

⑨ 피터 팬
Peter Pan

⑩ 큰 바위 얼굴 / 크리스마스 선물 /
알리바바와 40인의 도적들
The Great Stone Face / The Christmas Present /
Ali Baba and the Forty Thieves

⑪ 돈키호테 / 헨리 포드 이야기
Don Quixote / Tin Lizzie

⑫ 로빈 후드 / 어느 병사의 죽음
Robin Hood / Death of a Soldier

⑬ 신문 배달 소년 / 긴 터널 / 몰리의 순례자
Newspaper Boy / The Long Tunnel / Molly Pilgrim

⑭ 언덕 위의 집 / 헤라클레스
The House on the Hill / Hercules

⑮ 우주 도시로의 여행 / 요술 정원
Journey to Universe City / The Magic Garden

⑯ 마르코 폴로 / 크리스토퍼 콜럼버스 /
올리버 트위스트
Marco Polo / Christopher Columbus / Oliver Twist

⑰ 삼총사 / 레슬러
The Three Musketeers / The Wrestler

⑱ 불의 전차
Chariots of Fire

⑲ 런던 경시청 이야기 / 아서 왕
The Story of Scotland Yard / King Arthur

⑳ 도난당한 편지 / 붉은 머리 사교회 /
트래버스 씨의 첫사냥
The Stolen Letter / The Society of Red-Headed
Men / Mr. Travers First hunt